真正的你應當自由自在，
有無限的豐足、無限的創意、無限的力量。

活出全新的自己

張德芬—著

Contents

第二部 療癒受傷的你

第三部 隨心所欲地玩生命遊戲

新版序　接納自己內心的投射，為自己的感受負責

《活出全新的自己》又要改版了，我一直覺得這本書是我所有作品中，最沒有得到重視和善用的一本書。在創作的時候，我仔細構思了主人公的人設和性格，取最具有代表性的一男一女——幸雄和向東，作為需要療癒原生家庭之痛的範本人物。書中提供的建議和方法，都是我花了很多時間和金錢，去上了許多療癒課程所總結出來的心得，所以真的是物超所值。

我巧妙的用了「外星人善意的拿地球人做實驗」這個故事，來把我想分享給大家的療癒方法，有趣的呈現出來，可以說是用心良苦。所以，我自己是相當喜歡這部作品的，它是我出版了《遇見未知的自己》和《遇見心想事成的自己》之後，最意氣風發時（相較於之後的《靈魂暗夜》）結晶出來的作品。其中關於陰影人物的投射，是最有意思的，我的經驗是，即使知道了是自己的陰影投射，有的時候還是會「中招」，只能學習「承認」、「接納」然後「釋放」。

有一陣子，我對一位朋友發的朋友圈非常感冒，我覺得她特別的愛現，惹人討

厭，看到了她的那種狀態我就會很不爽。我自己當然知道這是我的投射，因為我自己也是一個非常愛現的人，注意到這個問題後，我多年來不斷的修，慢慢的把這個小我的尾巴藏起來了。但是看到居然有人這樣大言不慚的在我面前自吹自擂、得意萬分的模樣，讓我還是很不舒服。為了證實這是我自己的問題，我就問我閨蜜，×××的朋友圈你看了嗎？覺得怎麼樣？我閨蜜說，「很好玩呀！我當娛樂看」。我就證實了，這完全是我的問題，不是對方的。慢慢的我用慈悲心去包容、去理解，現在看到她發東西就不會起什麼反應了。這就是這本書中最能幫到你的一個部分——願意去承認、接納自己內心的投射，為自己的感受負責。

然而為自己的感受負責不是不去為自己伸張正義，對有負於你的人，該討回公道還是要去討，但是，因為我們已經接納、承認、處理了自己的情緒，並且為這個感受負責，就不會用太過於責怪的語氣和態度跟對方溝通，這個時候，你可能會發現，其實對方並沒有要傷害你的意思，只是你在受傷之餘，可能惡意揣測了對方的意圖（把對方當做是「壞人」）。這樣對待事物的方式，會讓我們人際關係比較不緊張，甚至開始會滋養我們。而幸福的人的第一要素就是各種關係良好，所以改變自己一貫對待人事物的看法和方式，就能夠創造我們的幸福。

有一次我碰到一個剛剛認識的朋友，她很有個性、非常有趣。可是坐下來聊沒多久，她突然開始抱怨一些朋友，說他們非常匱乏，給他們一種藥水，他們就拚命用，不到半天的時間半瓶就沒有了，吃相難看。我在一旁聽了，完全明白這是她個人的問題。她雖然看起來豐足、有自信，但是內在一定有非常匱乏的地方。她無法接受自己向別人乞討東西或是占人便宜的嘴臉（基本上她認為自己沒有，其實是被她自己否定了），所以在別人那裡看到的時候，就會非常的不屑和厭煩。我當時就帶著微笑和理解傾聽她說話，沒有做任何回應。當對方並不想要你給意見，或是她根本不想看到真相、或是解決問題的時候，任何想要幫助她「認識自己」的意圖，都會是一種碾壓和侵犯。

書中有好幾處故事情節的安排，讓我自己都會情緒澎湃、忍不住淚水，人類的痛苦根源其實都是大同小異的，我寫書的目的，就是希望更多的人能夠更加關注我們自己的內在過程，是哪些不良的思維方式、情緒習慣和行為模式，造成了我們生命中絕大多數的痛苦，如果能夠認真的看這本書，並且有勇氣的面對自己內在的真相，下定決心要改變自己不良的習慣，那麼，我們的生命可以有很大的轉折和改變。我自己知道，這個過程不是那麼輕鬆容易的。

很多朋友的福報很好，看了一本書（很多人說是《遇見未知的自己》改變了他們），就能夠發現自己的問題，繼而改變自己的命運。而我自己，則是寫了這本書之後，還是沒能改變自己的一些想法、模式，於是，生命的重大挑戰就會出現，讓我的婚姻受到嚴峻的考驗，我人生最大的一場歷劫，就是寫完這本書開始的。這說明了我們站在前線的領導者，如果不能夠身體力行出自己講述的理論，那麼考驗勢必會隨之而至。如今回頭再看這本書，我深深理解很多人知道做不到的痛苦之處，也知道如何讓知道變成做到。有些人就是需要被逼到牆角了，無路可退了，才會願意改變，否則，得過且過，按照目前的方式工作、生活是最省力省心的。還好我是個對痛苦過敏的人，雖然也是喜歡偷懶，但是當痛苦降臨的時候，我真的誠心誠意的尋找解答，並且身體力行的帶領自己走出那個黑暗的隧道。我可能是屬於秉性頑固又愚痴的那一類人，所以接受的考驗就會大一點。

我真心誠意的告訴大家，你此刻生命中所面臨的痛苦，大部分都是來自於原生家庭的未完成的課題，而這本書中的主角——幸雄和向東，就是兩個最好的範例，示範給大家，如何去療癒童年時候帶來的傷痛，希望大家認真讀書，不要等待考驗來臨才臨時抱佛腳，要耐心的面對自己的考題，及早過關，是為我願。

德芬

二〇一九年冬，北京。

再版序　療癒自己，才能創造想要的人生

一頁一頁翻著出版社寄來重新排版過的《活出全新的自己》，準備重新校正修訂，看著自己多年前的作品，無端產生了諸多感慨。

這本書是我心靈三部曲中最後完成的一部，但按照順序來說，它應該代表著「喚醒、療癒、創造」三部曲中的第二部——療癒。我發現，如果你不能夠完全療癒自己的創傷，那麼你想創造自己想要的人生，也就是所謂的「心想事成」，是有一定困難的。

當年完成這部作品時，我認為自己已經修得非常好，畢竟經過那麼多高人指點，花了那麼多時間修行，自己又寫了暢銷書《遇見未知的自己》，儼然已是華人世界心靈成長領域的「大姊大」。當時，我把自己最菁華的學習心得寫成了這本書，自己相當喜歡。相較於《遇見未知的自己》，這本書更具實用價值，其中有不少修行的好工具。

然而生命的安排是奇妙的，當我自認為療癒得差不多時，我人生的最大考驗出

現了，它來告訴我，還有更長的路要走，還有更深的創傷需要療癒。當這個考驗出現時，我沒有按照書上所說的去臣服、接受，反而抗拒、抱怨、掙扎、痛苦。所有的負面情緒——內疚、羞愧、自責、恐懼、被拋棄感——全部出籠，讓我毫無招架之力。

從此以後，我對讀過我的書，但還是來問我「我該怎麼辦」的讀者，有了比較強烈的同理心。以前我會覺得：「我不是都寫在書上了嗎？照著做就好啦！」現在自己走過之後才發現，即使是寫書的我，也無法經受人生大浪的考驗，而墮入了生命的最低谷。

最近和一位同為靈性作家的女性朋友聊天，談到了我們的無奈。她說：「很多道理，我們自己都已經寫在書中了，但那種深刻的了悟，是一層一層地一直進去，一層一層地又再一次覺醒，而覺醒後的震撼與感動會讓你覺得，啊，這條路真的不容易，但非常值得！」是啊，從頭腦的了解，到領悟，到深化，這過程有的時候真是挺漫長的。我們是否有足夠的時間和耐性，堅持走完全程？

所以在這裡，我還是語重心長地和讀者分享我的經驗，那就是：一本書再好，你也一定要按照書中你覺得同意、切合你心的部分去實踐，以培養自己的「靈性肌肉」，以便在「大浪」來襲時，有足夠的耐力和毅力度過難關。如果無法實踐，在風浪來臨的時候，你會很辛苦。在兩年多的死蔭幽谷裡，最終幫助我放下的，也是諸多好書的陪伴。唯有不斷地將他人的經驗實際運用在自己的生活當中，才有解脫的可能！

有一天，我突然意識到，我為自己的人生規劃好了一張藍圖，並且自以為是地執行。我傲慢地拒絕老天的干預，不願意脫離自己熟悉的舒適區，進入未知、不確定的領域。然而，當我最終願意謙卑地向命運低頭鞠躬時，我就解脫了、就自由了，心裡是前所未有的解放和自在。更重要的是，我看見自己在意想不到的命運發生時，不但沒有把它當作教會我成長並贏回力量的「彩蛋」，反而避之唯恐不及地抗拒它、排斥它。所以，這次把《活出全新的自己》細細地再讀一遍，也是替自己又上了一課。

我真的看清楚我們的「小我」是如何狡猾，它會利用各種方法說服你，讓你認為你就是個受害者。它也讓你緊抓著自己的「理想」和「模式」不放，還自以為是最好的。一旦你臣服，就會發現這些功課後面的獎賞是如此之大，讓你覺得所受的一切苦都值得，而且會發現自己當初的抗拒、排斥是無謂的，平白受了許多苦。

在最近的一次旅行中，我搭乘的飛機已經準備起飛了，可是由於目的地天氣狀況不佳，我們只好返回候機室。等了五個小時後，所有乘客回到飛機上。我坐回原先那個靠窗且寬敞的座位，放好東西，就去上洗手間；等我回來時，座位上已經有人坐著了。我請她出示登機證，結果發現是工作人員重複劃位了。我可以跟工作人員吵說，那是「我的」座位，原來一直是我坐的，而且我的個人行李剛才已經放在這個座位上方，只是被後來那位女士挪到前面去了。但我當時念頭一轉，決定放棄原來那個看起來比較舒適的座位，聽由工作人員安排，到其他座位去。結果當我坐下之後，發現我那一排三個座位只有我一個人坐。飛機起飛時已經是午夜十二點多了，我舒舒服服地躺下來睡覺。

這個臣服的功課是我付出了許多代價才學會的。我這才知道，我該多麼感謝老天給了我人生最艱難的處境去面對。經過了這樣烈火的洗禮，現在的我更加虛心謙卑、更加沉穩內斂，同時真正把自己所學、所寫的，落實到了日常生活中。

如果你不像我一樣頑固愚昧，就可以透過《活出全新的自己》裡面兩個主人公的故事，跟著他們一同成長，無須親身受苦。書中的向東是北京人，幸雄是臺灣人，兩個人的個性南轅北轍，互相看不順眼。我讓他們兩個人做了「投射練習」和「轉念作業」，終於讓他們發現，原來外面那些看不順眼的人、事、物，全是我們自己內在的投射。當然，我最終的目的還是希望讀者也能好好地做這兩個練習，尤其當你有不喜歡的人、事、物時，做這兩個練習的確非常管用。另外，書中一開始就介紹了身心靈修行最重要的一個工具——觀察自己，這是我們每時每刻都需要提醒自己去做的功課。我最近在一次團體旅行中發現，當我保持覺察時，就能夠停留在自己的中心，很穩、很定靜，非常有覺知；但是當我停止觀察自己，把注意力全部放在外面的人、事、物上，我就失去了覺知，進入無意識狀態，說話、行事都容易侵犯或得罪別人，自己也不快樂。可見，觀察自己真的非常重要，而且是隨時隨地都要提醒自己去做的功課。

當初這本書的主題——原生家庭的動力——也是我特意著墨的地方。幸雄和向東由於受童年時代種種遭遇的影響，造就了成年之後的諸多問題，這真的是現代社會比較常見的典型範例。我一直都非常清楚原生家庭對我們一生的影響，我希望藉由書中人物的探索、學習與實踐過程，讓讀者正視自己和父母的關係，好好地修復，從而得到比較幸福的人生，同時也帶給下一代比較好的家庭教育。

在本書中，我還特別運用了一個三階段的成長模式，讓讀者可以隨著書中人物的遭遇和歷程，逐步展開自己的成長之旅。這三個階段分別是喚醒、療癒和創造，其實也是我身心靈三部曲的一系列主題。《遇見未知的自己》畫出了一張心靈的藍圖，喚醒大家重視內在世界；《活出全新的自己》著重在「療癒」這一塊，幫助大家面對自己多年來一直未能被療癒的創傷，並在其中找到力量；而當我們療癒好自己，解除自己的負面信念和模式後，「創造」自然會來臨，這也是《遇見心想事成的自己》的主題。

本書的男女主角也走過這樣一個三階段的成長過程。首先，他們學習了喚醒階段最重要的實踐方法——回觀自己，然後做了反轉投射的功課。隨著故事的進展，他們各自有機會療癒童年的舊傷，彼此各有斬獲，同時也從相互厭惡到產生好感，最終共同創造了一個完美的結局。

希望大家在讀這本書時，不但能感同身受地和主角們同聲共氣，也能認真去做兩位主角所做的練習，並進行情緒和能量上的整合。否則，整本書看完，你也許很感動、也許掉幾滴淚，但你依然不會有所改變。當然，如果你執迷不悟地堅持自己的模式過生活，老天會製造出適當的情境來考驗你，讓你非得去面對、接受，並整合自己內在被觸動的部分。這個時候，書中的許多工具就非常有用了。

要改變自己的人生，就要從提升意識開始，而意識的提升不是看一本書就能做到的，你必須在實際生活中應用書本上學來的知識。因此，我特別在書中列出了詳細步驟，大家可以一步一步照著做，試試看哦！

祝福大家都能活出全新的自己！

第一部

喚醒沉睡中的你

在這個世界上，你所看見的人、事、物，
都是你內在的一種反射。
只要你自己的內心改變了，外在就會隨之改變。

01 邂逅
覺醒的契機

「是的，你可以說我們是外星人，但我們不是綁架了你，只是想邀請你參加一項實驗。」

幸雄感覺眼前有一片光，然而腦袋昏昏沉沉的，眼皮有如千斤重，無法睜開眼睛。

他聽到一個低沉有力的男聲，告訴他：「慢慢來，不要怕。」這個聲音具有某種特質，讓幸雄一下子安定下來，好像冬天裡喝了一口醇厚、濃郁的好茶一般。

他掙扎著想打開眼睛，雙手雙腳都使上力了，好不容易眼皮開了一條縫。

從眼縫中看到的景象，讓幸雄大吃一驚，霎時間不但眼睛一整個打開，而且倏然坐了起來，開始不由自主地大叫——怨不得幸雄，任何人在這種景況下，沒有暈倒已經不錯了。

幸雄看到兩個人，呃，說「人」，只能勉強算是最貼切的形容詞。應該是說，幸雄看到兩張「類似人類」的臉孔，在他躺著的身體上方關切地看著他。

在幸雄驚恐的反應中，他粗重的身體開始不由自主地抽搐，雙手雙腳都開始大力揮舞，而且他當下的反應就是想逃。

兩個人形生物用他們奇形怪狀的手按住了幸雄，沉穩的男聲又說了：「不要害怕，我們不會傷害你。」聲音有短暫的安撫作用，幸雄安靜了幾秒鐘，隨即又開始恐慌地大叫，而且奮力想要掙脫兩個生物的掌握。

在一片混亂中，幸雄聽到其中一個說：「不是找了個大膽的嗎？」另外一個委屈地說：「是啊，他平時天不怕地不怕的，誰知道會這樣。」

聽到這段友善而不帶惡意的對話，幸雄終於安靜下來。可是這會兒他不敢張開眼睛了，怕自己又不由自主地開始驚慌失措。

「沒關係的，慢慢來，我會告訴你我們是誰。」醇厚的男聲又響起了，幸雄的心也隨著他緩慢的語調漸漸安定下來。想起他們對自己的評價——天不怕地不怕——幸雄突然恢復了平時雄赳赳氣昂昂的大男子氣概，勇敢地張開眼睛打量眼前的兩個生物。

生物？幸雄不敢確定。一時之間，科幻電影裡面看過的外星人和機器人的形象突然出現在幸雄的腦海中。

「你們是外星人？我被綁架了？」電影裡的情節再度浮現在幸雄的意識中，幸雄開始恐懼地顫抖，剛才一時之間升起的男子氣概轉眼消失無蹤。

沉穩的男聲又出現了，幸雄發現聲音來源是眼前一名個子不高的「生物」，他的頭很大，眼睛和耳朵也是不成比例的大，頭上有幾根稀疏的毛，手腳細長，而嘴角帶著微笑。「是的，你可以說我們是外星人，但我們不是綁架了你，只是想邀請你參加一項實驗。」

說得雖然好聽，可是幸雄聽到「實驗」兩個字就毛骨悚然。他們是不是要開膛剖腹，研究地球人的體質、特性，看看地球人在各種嚴酷的環境下如何生存啊？想到這裡，幸雄不禁打了個寒顫。

眼前的外星人似乎能讀到幸雄的思想，他搖頭微笑。「不是你想的那樣。而且最重要的是，你有自由意志，在我跟你說明完情況之後，如果你決定不參加，我們會送你回去，而且把這段記憶清除，你第二天就會全忘光啦。」

他的話頗具撫慰作用。幸雄聽完，好奇心升起，不禁問道：「什麼實驗？」

外星人滿意地點點頭，開口解釋：「先向你自我介紹，我是圖特，是來自另一個星球的生命，也就是你們地球人所謂的『外星人』。」接著他轉向身邊那位長相和他截然不同、看起來像個機器人的個體。「他是阿凸，我的助理。」看到幸雄滿臉疑惑，圖特加了一句：「是的，他是機器人，不是我們星球上的生物，而是我們的產

物。」

幸雄看著阿凸。他有著銀灰色的金屬外殼，眼睛閃閃發光，身體是一個裝滿各式零件的大盒子，可以看到他的CPU（中央處理器）當中正在進行許多活動。看到幸雄在打量它，阿凸做了一個手勢，優雅地跟幸雄致意，然後說：「你好！很高興認識你。」

幸雄開始打量周遭的環境。他們顯然是在太空中，應該是在一艘太空船的小船艙裡。感覺上整個房間是由閃閃發光的白色金屬打造而成，擺設很簡單，有桌子、椅子、休息用的沙發，還有幸雄現在正坐著的床。屋裡有一扇小窗，向外望去，是一片無垠的宇宙夜空，各種不知名的發光體在黑緞般的背景中閃耀。

幸雄一拍腦袋，感慨地說：「這是真的，我不是在做夢吧？」

02

發出求救訊號
人生真的太苦了！

人的一生看起來有好幾十年，但是從另一個更高的視野來看，可不可能就像「黃粱一夢」般，其實相對來說是短暫的？

看到幸雄逐漸恢復正常，圖特又開口了：「你可以說你在做夢，也可以說不是。」圖特意味深長地看著幸雄：「你們地球人的一生，跟一場夢有什麼差別？」

幸雄愕然地看著圖特，渾然不解。

「『時間』是你們三維空間特有的產物，它看起來好像是直線進行的，有過去、現在、未來。我現在不想造成你太多困惑，所以我只想問你，如果我說『時間』在我們看來，跟你們地球人有所不同，你認為可不可能？」

「不同？」幸雄不明白。

「比方說，我們的一分鐘可能是你們的一年？」圖特試探地問。

幸雄倏然變色，聲音開始顫抖：「那麼，如果你們現在送我回地球，是不是會人事全非了？」

圖特哈哈一笑，輕輕拍了拍幸雄的肩膀，幸雄霎時感到舒服多了。

「不會啦，我只是做個比喻，我們這個實驗不希望驚擾到地球人，不會對你的生活造成困擾的。」圖特收斂起笑容，嚴肅地說：「我只是要告訴你，地球人的一生看起來有好幾十年，但是從另一個更高的視野來看，可不可能就像你們中國人說的『黃粱一夢』一般，其實相對來說是短暫的？」

幸雄看了看圖特的兩隻招風大耳，又看看阿凸燈光閃爍的肚子，無奈地回答：「遇見你們之後，我可能可以接受你這種說法了。」

突然間，幸雄想起一個從小到大一直讓他很好奇的問題，便興奮地問道：「你們是智慧、文明都比較發達的外星人，那你可不可以告訴我，我們地球人是從哪裡來的，死了以後會到哪裡去呢？」

阿凸的肚子立刻開始有反應，各種顏色的燈光亂竄，興奮地想要回答幸雄的問題，卻被圖特阻攔了。「嗯，這個問題，會隨著我們實驗的展開為你做出解答。」阿凸燈光黯淡了一下，隨即恢復正常，但是又被圖特的話啟動了：「現在請阿凸為你介紹一下我們實驗的目的。」

阿凸興奮之情溢於言表，開始滔滔不絕地解釋：「我們常常收到地球人，甚至地球本身的求救訊號，希望能伸出援手，改善你們人類和地球現有的窘況。」阿凸貼心地看了一下幸雄的反應，看到他的接受度還可以，就決定繼續下去：「也就是你們的能源危機，生態的嚴重破壞，還有，」阿凸頓了一下，「你們有愈來愈多人焦慮不安，甚至憂鬱輕生，喪失了對人生的熱情。」

阿凸繼續說：「於是本星球召開了一個大會，集合有識之士一起商討是否要出手援助地球。最後的決議是，我們先組成一個實驗小組，跟某些地球人接觸，看看成效如何，再決定是否要大規模地展開援助行動。」

幸雄覺得不解：「那怎麼會選到我呢？我又沒有向你們求救。」

圖特插口問道：「你是發出了求救訊號，你不記得嗎？」

幸雄茫然地搖頭說道：「我一點也不記得啊。」

圖特向阿凸示意，阿凸便轉向一片光潔的白色牆壁，從身體當中投射出活動影像到牆上，就像放映機一樣。

幸雄看到自己在一個爛醉如泥的夜晚，跟往常一樣，腳步踉蹌地回到臺北空無一人的家中。幸雄想起來了，那晚的痛苦像個張開了大口的怪獸，把他完全吞噬。即使之前為人擔保被牽累，導致大陸的工廠倒閉關門、自己手上投資的港股和A股嚴重縮水等重大打擊，都不如那晚的痛。因為當天他收到了分居妻子正式申請離異的通知，而且要求他們唯一兒子的監護權。

進了房門之後，幸雄雙腿一軟，就跪在地上嚎啕大哭。男兒有淚不輕彈，尤其是平時雄壯威武的幸雄，然而，此刻的他卻像個無家可歸的孩子，完全地無助和絕望。痛哭了好長一段時間，幸雄突然被窗外的某種東西吸引，匍匐在地爬到了窗邊。

窗外的月亮格外地圓潤，散發出無比柔和的光芒，似乎碰觸到了幸雄平時被外在自我形象層層包裹住的軟弱內心。對著月亮，幸雄又嗚嗚咽咽地抽泣起來。「誰能幫助我？」幸雄狂喊，「誰能幫助我？救救我吧！我真的活不下去了！太苦了！」哭喊了好一陣子之後，幸雄全身無力地癱軟在地上，沉沉睡去。

看完了這一段影片，幸雄不好意思地低著頭，沉思好長一段時間，才悄然地說：「那只是我一次酒後失態，根本不算什麼。而且，」幸雄抬起頭，語帶諷刺，「我們地球人的一舉一動好像都在你們的監控之下哦？」

圖特有點尷尬，阿凸嘴快地鄭重解釋：「不是啦，你們地球人每個人每生每世的所有意識活動，都會被記錄在一個叫作阿卡莎的星際檔案紀錄中，被嚴密地保護起來。我們這次因為要做這個實驗，特別跟星際聯邦的議會申請調閱有關人員的檔案——平時我們也不被允許隨便侵犯地球人的隱私。而且我們連進入地球領空，都需要經過他們批准呢。」

「星際聯邦？」幸雄不解地問。

「那是一個跨星際交流的聯盟組織，有一點像你們的聯合國。」圖特緩緩地解釋，「地球現在是星際聯邦的觀察對象，如果你們地球人類的意識能夠提升到一定的程度，就可以獲准加入星際聯邦了。」

03

千載難逢的機會
意識提升實驗

地球之所以變成今天這個樣子，地球人之所以這麼不快樂，是因為你們意識層次的進化一直沒辦法有突破性的提升。

「哦，好吧！」幸雄也不想多追究什麼星際聯邦不聯邦的，他大剌剌地兩手一攤，「你們準備怎麼援助我啊？」幸雄豁出去了，大膽地要求：「你們可以幫我把工廠重新開張，讓我的股票投資十倍回收，同時，」幸雄黯然，「讓我的妻子、兒子重回我身邊嗎？」

阿凸看看圖特，後者點頭同意阿凸回答，阿凸便很快地說：「這不是我們實驗的方式。地球之所以變成今天這個樣子，地球人之所以這麼不快樂，是因為你們意識層次的進化一直沒辦法有突破性的提升。」

幸雄有點不高興了，覺得有必要為地球辯護一下：「我們的地球怎麼樣了，不是滿好的嗎？我個人的不快樂不能代表大多數人，而且，平時我是個很爽快的人啊！我的問題是我自己倒楣，時運不濟，碰上了不可靠的朋友，還有世界經濟風暴。而且是我一時糊塗，在大陸包了年輕的二奶，生意失敗、股票失利後，她竟然棄我於不顧，害得我家破人亡……」幸雄愈說愈委屈，覺得自己真是個不折不扣的受害者。

圖特等幸雄情緒稍微平復之後，語重心長地說：「幸雄，你們的星球現在面臨了很多危機，但大部分的人都選擇不去看它，因為這些消息是不受歡迎的。熱帶雨林的破壞、生態環境的污染、全球暖化效應造成的冰山融解，已經引起地球氣候的異常，導致各種天災，未來還會出現嚴重的糧荒和能源、水源的短缺。這意味著你們的下一代，甚至你們自己，都可能受到嚴重的生命威脅了。」圖特正色地看著幸雄，幸雄默然不語。

「至於你個人的問題，」圖特繼續說，「我只能說，即使我現在幫你把這些外在的情境都改善了，可是你的意識層次還是停留在現有水準上的話，這些情境會以不同的方式再度出現在你的生命當中，你還是無法擺脫它們。」

阿凸插嘴道：「**地球上一位有識之士就說過，如果現在把你們人類所有的財富重新公平地平均分配，不出幾年，所有人的財富狀態又會恢復到現在這樣。所以，決定你此刻狀態的，不是外在的遭遇，而是你內在意識層次的水準。**」

阿凸繼續滔滔不絕地說：「而且你看看現在地球人類的頭腦，已經愈來愈瘋狂啦。科技的進步、文明的發展、物質的過度追求，都讓人失去了純真的本心，整天只為滿足自己的私欲而汲汲營營地生活。」

阿凸的肚子隨即投射出影像，一幕幕人類自相殘殺、爭權奪利、各種慘不忍睹的片段，在幸雄眼前像走馬燈一樣地放映，讓幸雄都有點看不下去了。他不由得開口問道：「你們口口聲聲說的意識層次到底是什麼東西啊？是什麼潛意識嗎？」幸雄又恢復了直截了當的本性。

「以你們地球人的了解來說，可以把意識層次解釋為：你對自己的核心本質，也就是你的真實面目，有多少了解的程度。」圖特耐心地解釋。沉吟了半晌，他又說：「當然，潛意識裡面很多東西都會阻礙你認識自己的核心本質，所以是的，如果你能夠更加了解自己潛意識裡面的各種動力，就會提升你的意識水準。」

幸雄嘆了一口氣：「唉，這麼麻煩。什麼核心本質、潛意識動力，我不想了解。你就趕快拿個儀器放在我頭部，直接提升我的意識，這個實驗不就可以結束了？而我就可以回去高枕無憂了。」說完真的躺下，雙手枕在頭部，翹著腳、抖著腿，準備好要接受外星手術了。

阿凸插嘴：「沒有什麼儀器啊，你們現代的地球人就是講究速食文化，想要用一蹴可幾的方式來改善生活情境，還想改變他人，沒有這種事的。意識的轉化是需要你的努力和承諾、需要時間的。」小小阿凸講到最後有點訓人的口氣了。

「啊？」幸雄一屁股坐起來，「那要多久的時間啊？我要在這個外太空跟你們混上多久啊？搞不好我回去之後真的恍如隔世，認識的人都死光啦！」幸雄氣鼓鼓的。

艙內的空氣凝結了一段時間，圖特過了很久才開口：「幸雄，你有絕對的自由來做選擇。如果你不想參與這個實驗，我們立刻送你回去，抹消這段記憶，你第二天不會有任何異樣的。但這是一個千載難逢的好機會，你想要你的一生就這樣渾渾噩噩、不知所終地過下去嗎？」

幸雄心動了。他知道，自己已經快四十歲了，人生的黃金歲月已過大半，現在落得一事無成，惶惶不可終日。他很希望能有機會重振旗鼓、再展雄風，只是不知道歲月是否可以饒過他，再給他一次機會？

「而且，」圖特緩緩地說，「你還有一個兒子呢！兒子是以父親為榜樣的，你在前面走，他在後面跟，有樣學樣。你希望你兒子和你一樣嗎？」

幸雄立刻回答：「不，我不要我的孩子跟我一樣，我會告訴他……」

阿凸又插嘴：「說教是沒有用的，他是看你做什麼他就做什麼，你說一套又做另一套，他才不上當呢！」

幸雄無言，低頭不語。圖特說：「而且你每次來這裡不用待上很久，我們壓縮了你睡眠的時間，利用夜晚把你帶到船上來，對你的日常生活一點影響都沒有。」

「而且，」阿凸俏皮地說，「明天早上你醒來之後，會懷疑自己是否做了一場太空夢。」

圖特瞪了阿凸一眼，繼續說：「你需要來太空船幾次，要看你個人的悟性，和你投入、承諾的程度而定。最重要的是，你要把在這裡學到的東西實際應用在生活中，這樣才會有最大的轉化和進步。」

幸雄沉吟了半晌，拿出當年參加大學聯考的勇氣，抬起頭，堅定地看著圖特說：「好！我願意參與這個實驗，全力投入。」

圖特長手一揮，說了一句：「好，今天就到此為止，免得你太累了。下次來，你會見到其他同學。」

其他同學？幸雄正好奇地想追問，一時間，竟然眼皮沉重得張不開，渾然又進入睡夢之中。

04 女中豪傑也呼救

難道人生就是這樣？

有時候，你的靈魂發出求救訊號，自己都不知道。不過在下意識裡，你應該感覺得到自己的內心有份渴望？那就是求救訊號了。

向東從迷濛中醒來時，看到窗外還是一片漆黑。抓了夜光鬧鐘一看，還不到六點。她翻了個身，感覺已了無睡意，於是披了一件晨袍起身。到廚房給自己泡了杯咖啡，坐在窗邊，順手又點了一支菸，姿態熟練地吞雲吐霧起來，立刻感覺舒服多了。初冬清晨的北京，街上隱隱約約已有些行人，北京人真是早起的鳥兒！

向東回想起昨夜的經歷，真不知是夢耶?真耶?在睜眼看到圖特和阿凸的那一剎那，向東的反應讓他們刮目相看。向東當時只是很冷靜地問：「你們是誰？想做什麼？」她看到圖特臉上露出欽佩的表情，阿凸得意地在一旁說：「我就說她是女中豪傑嘛！」

圖特為她詳細地解釋了這次地球人意識提升實驗的目的、內容和過程。向東被邀請參加一個三階段的課程，每次有一定的主題，而上課方式則分為大課堂、小組討論和個別指導。課程最重要的部分就是日常生活的實習：參加的人必須把在太空船上學習到的理論實踐在日常生活中。

實驗的最終目的，是希望透過這些人的意識轉化和提升，帶動整個地球人類意識的轉變，進而由內向外地改變地球現在面臨的各種危機——無論是人類心態上的不快樂和瘋狂，還是外在環境上面臨的種種困境。

阿凸補充：「要通過前面一個階段，才能獲准參加第二階段哦！」圖特以讚賞的眼光看著向東說：「你應該沒問題！」

這種眼光向東很熟悉了。從小到大，向東在老師、長輩和老闆面前，從來沒有讓他們失望過。向東最大的遺憾就是看不到父親讚賞滿意的眼光，因為他總是那麼嚴肅，高高在上，從不流露自己的感情。母親就更無緣了，向東剛生下來沒多久，就和三歲的姊姊成了沒有母親的孩子，這是向東想起來就痛心的事。

向東對人生的失望不僅於此。她的親密關係始終不順遂，在厭倦做人家的第三者，或是讓第三者不斷破壞自己的關係之後，向東終於死了心。近幾年，隨著年齡的增長，戀愛的機會愈來愈少，更遑論婚姻了。

但是為了彌補童年時期自己沒有母親的缺憾，向東五年前在陝西的農村找了人，把一個襁褓中的女娃兒抱到北京，開始擔任起媽媽的角色，毫不在意外人的指點、訕笑。

想到這裡，向東悄悄打開女兒的房門，五歲的甜甜正在美夢之中安然熟睡。看了她甜美的小臉，向東終於感到些許安慰。

在太空艙裡，圖特告訴她，因為她發出了求救訊號，所以才選擇她來做實驗。向東當時就納悶，自己何時求救了？從小到大，向東的獨立一直是她引以為傲的，她幾乎從來沒有開口求過人，寧可自己累死、窮死、苦死，就是不願意求人。

圖特當時微笑不語，還是阿凸嘴快說了：「有時候，你的靈魂發出求救訊號，自己都不知道。不過在下意識裡，你應該也感覺到自己的內心有份渴望吧？那就是求救訊號啦。」

向東回溯既往：她一向樂觀進取，從出校門以來，在事業上一帆風順，目前是一家國際大公司的人事總監，職位和薪水都相當高。長相秀麗、身材高，雖然快四十了，依然風韻猶存。

向東在生活上可以說是豐衣足食，除了男人以外什麼都不缺。養了孩子以後，她對自己的生活更是滿意，但她的心裡總是有個疑問：「難道人生就是這樣？僅止於此嗎？」她的內在總是覺得不滿足。早些年還覺得可能是缺乏穩定的親密關係，但隨著年齡增長，向東逐漸了解到，即使有個美好的婚姻，她的人生似乎還有其他的領域沒有被碰觸到，感覺始終有份缺憾。難道這就是她靈魂的召喚？

向東原本不太相信有什麼靈魂這種東西，但也是隨著年齡的增長，她逐漸意識到，人生好像不僅止於我們眼睛所能看見的，否則真的是太沒有意義了。

但要她去找個什麼宗教來信奉，向東又不屑。雖然從來沒有接觸過什麼宗教，向東卻固執地認為，自己痛恨權威和教條、不喜歡迷信的性格，應該不適合宗教。所以這麼多年來，她還是迷迷茫茫地在漂泊。

在太空船中，面對好像無所不知且智慧文明都較高的外星人，向東抓住機會提出了她從小就一直在思考的問題：「我們究竟是誰？我們來這裡做什麼？」

圖特當時搔搔腦袋，認真地告訴向東：「你的問題在這次的課程當中都會獲得圓滿的解答，或者說，你會自己找到答案。」接著拍拍她的肩膀，「放心吧，你會找到家的。」

05

課程開始 認識身心靈

如果你能真正地認識自己，就能改變你的命運。

阿凸帶著幸雄穿過長長的走廊，一路興奮地說：「今天要正式開課啦，你會見到很多同學。」說著說著，阿凸拿出一個耳機麥克風給幸雄，「你要選什麼語言？臺普如何？」說完肚子嘰哩咕嚕地發出一連串怪聲。

幸雄納悶地問：「臺普？」

「是啊，臺灣普通話，你不是臺灣人嗎？臺普最受歡迎啦，有個北京人還特別指定要用臺普，因為臺普特別柔軟好聽。」阿凸孩子氣地評論著，「待會兒很多國家和地區的代表都在，會需要語言翻譯機。」

「嗯。」幸雄應聲，把玩著阿凸給他的精巧細緻的耳麥。「上次我們在船艙裡怎麼不需要用這個啊？」

「船艙裡早就設定好語言了啊，就像我也設定好了，所以你跟我說話不需要耳麥。」阿凸理所當然地回答。

快到會場大廳之前，一路上碰到很多其他學員，看起來大部分是亞洲人，但也有一些其他人種。每人都跟著一個像阿凸一樣的機器人，而且幸雄聽到他們也叫自己的機器人「阿凸」。幸雄好奇地問：「怎麼有這麼多阿凸啊？」

阿凸看看幸雄，燈光閃爍地回答：「本來就這樣啊！我是阿凸七號。我們機器人不像你們地球人會要求特殊性，好跟其他人分個高下。另外你們也不了解，其實你們都是來自同一個地方、同一個源頭，而且是一體的。」

幸雄看看充滿哲理的阿凸七號，無奈地搖搖頭。會場大廳到了，幸雄好奇地打量環境。其他人都陸續就座了，每個人的座位前都有一個像桌子一樣的螢幕，連椅子一起，都是金屬做的，看起來非常高科技地「酷」。

大廳坐了三十名左右的學員，似乎都是來自亞洲的各個不同區域和國家，而不是世界各地。幸雄看看阿凸，阿凸點頭證實了他的想法：「因為都是利用大家睡覺的時間來上課，所以我們找的都是時區比較相近的國家或地區的人。」

這時候，圖特老師出現了。他也戴著耳麥，對全場的人點頭致意道：「親愛的同學，大家好！歡迎大家參與我們這個實驗，對我們來說這是實驗，對你們來說這是一個難得可以學習的好機會。在場的每個人都接受過我們的個別指導，知道我們這個實驗的目的和性質了。」圖特看看大家，然後繼續說：「很多人來到這裡，都迫不及待地想要問我們一些問題，我知道來自香港的克里斯就蠢蠢欲動了，是嗎？」語畢，圖特看著課堂的一個角落。

一個金髮碧眼的老外立刻站起來說：「是的，圖特老師。我是住在香港的美國人克里斯。我們地球人最想知道的一件事就是：我們究竟是誰？到底有沒有命運這回事？我們的命運究竟是操在自己手中，還是被不知名的力量牽引著？」其他的同學紛紛附議，表示贊同。

圖特等大家的議論聲減弱之後，不疾不徐地說：「很好的問題。在你們地球上一個叫作希臘的國家裡，有一座著名的占卜神廟，它門口的大柱子上就寫著：『認識你自己』，這對你們地球人來說是最重要的功課。這座神廟是供人求神問卜的，但是它門口的這幾個大字就透露了一個最深的玄機：如果你能真正地認識自己，就能改變你的命運。」

圖特說著做了一個手勢，每個人桌子上的螢幕開始出現畫面，隨著他的話一路展開。

「你們人類常常說自己是身心靈的產物，這並不完全正確，但也不全錯。」螢幕上出現了一個方塊和兩個圓形，好像一部車子一樣。

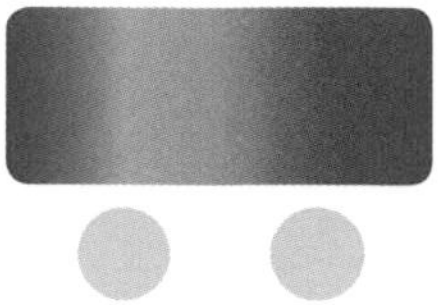

「你們是擁有身和心的靈體，不是身心靈並重之下的產物。」螢幕上的方塊和圓形中各自出現了字樣。圖特繼續說：「你看，這樣的個體跑起來就很快，像一部有兩個輪子的車子一樣。但是——」

他又做了一個手勢，這時圖形顛倒過來，變成方塊在最下面。**「如果以現在地球人的心態來說，大部分的人都不重視靈性，反而重視下面兩個車輪，變成本末倒置，甚至身體的輪子還要大過心的輪子，這樣不但跑不動，而且造成了失衡。」**

「在這裡，心所代表的不僅是你們的思想、情緒，還有你們的感官所能覺受到的各種刺激的反應，以及心裡的意象、衝動、直覺等等，這些都是屬於心的範疇。」圖特停頓了一下，點頭說，「我知道你們要問什麼。你們想知道，那麼『靈』究竟是什麼，對吧？」

06

你在想什麼？

如如不動的觀察者

你的感覺是來來去去的，可是，總有一個觀察者在旁觀這一切。

大家點頭稱是。圖特想了一下說道：「這樣說吧。中國人有一句成語叫做『夏蟲不可以語冰』，意思就是——」他使個眼色，示意幸雄繼續解釋下去。

看到圖特向他這裡看來，幸雄還回頭看看圖特是不是在指別人，一看不對勁，便尷尬地搔著頭說：「嗯，夏蟲，夏蟲，冬蟲夏草——」

「這句話的意思是，」向東看不過去，便接下去說，「有一種蟲，生在夏天，死在夏天，它完全無法理解『冰』是什麼東西。所以圖特老師的意思就是，我們在擁有這具人身的狀態下，很難理解自己的本來面目是什麼。」

幸雄暗自納悶：「這女人是從哪裡冒出來的？人參？哪種人參啊？東北參還是高麗參？」

看到圖特讚賞的眼神，向東並不滿意，繼續追問：「那你可不可以用外星的高科技展示給我們看，我們究竟是誰啊？」

圖特搖頭苦笑。「我們做不到，這是你們人類的共同課題，必須自己去面對，自己去解決。我們可以做的就是，教你們掃除讓你看不到自己本來面目的障礙。」

桌上的螢幕顯示出一個熱力四射的太陽，但轉眼間就被烏雲籠罩，不見天日。圖特解釋：「**太陽就是你們的本來面目，烏雲則是你們人類特有的各種心理活動。所以，唯有在定靜、沉寂之中，當心裡的各種噪音平靜下來，也就是烏雲散開的時候，你就會看到自己的真實本性。**」

一位印度籍的男子舉手問道：「我是孟買的阿南達。圖特老師，這就是所謂的明心見性嗎？」

圖特點頭道：「你可以這麼說。」

另外一位瘦小的女子也舉手發問：「我是東京的友子。我想請問圖特老師，那你們一開始說的意識提升，跟你今天說的這個有什麼關係嗎？」

「很好的問題。」圖特欣慰地微笑，「其實所謂的意識，幾乎可以說是『靈』的同義詞。我們來體驗一下吧！」

圖特一拍手，嚇醒了正要昏昏入睡的幸雄，他吞了口口水，抬頭正好碰上向東不屑的目光。幸雄很不高興，又不便發作，只能把注意力又放回圖特身上。

圖特發號施令：「現在大家把一根手指頭放在桌上摩擦，感受一下手指的感覺、桌面的材質……然後閉上眼睛。」大家照著做了。「好，大家有沒有注意到，無論你的眼睛是睜開還是閉上，你都能夠覺察到自己手上的感覺？」大家點頭稱是。

「好的，大家看到了，你們不但能夠感知到你手指的觸動，同時也和那份覺受在一起，也就是獨立於它，但又與它同在，是吧？」幸雄覺得圖特好像在玩繞口令，但還是跟著大家點頭。

「現在再把注意力放到自己的內在，去覺察一下你此刻的感受，是無趣呢？好奇呢？還是興奮或困惑？甚至麻木也是一種感覺。」圖特繼續引導大家，「現在，想一件讓你開心的事，然後再想一件讓你傷心的事，可以做到嗎？」圖特給大家一些時間去感受。很多人的臉上出現了一些變化，時而高興，時而悲傷。

「注意到了嗎？你的感覺是來來去去的，可是，總有一個觀察者在旁觀這一切，是不是？快樂的時候，你還是你；悲傷的時候，你的內在也是有一個不變的東西在經歷著它，不是嗎？」圖特問。大家又點頭。

「同樣地，現在試著去觀察自己的思想，看看你在想什麼？」

幸雄覺得這個遊戲挺有意思的，他從來沒有這樣拉開距離地觀察自己的內在，好像真的如圖特說的，思想、情緒來來去去，可是那個觀察者還是如如不動地在看著這一切。

圖特又請大家看桌上的螢幕。螢幕上出現了一個圓圈，中間有一個紅心。隨著圖特的講解，文字又逐漸出現了。

「紅心就是作為靈體的你，也就是剛剛我們感受到的那個觀察者，這是每個人真正的意識，也就是你真實的自我。圓圈則是你的意識範圍（場域），在這個意識範圍裡的，是每天出現在你們腦袋中的思想、情緒、感受等等，大部分的人認為這些思想、情緒、感受就是你們自己。」

圖特這時又帶出剛剛大家看到的一幅圖，說道：「但是，就像我們剛剛看到的這個太陽和烏雲的比喻一樣，這些都是不真實的烏雲，同時，它阻礙了我們看到最真實的自己。」

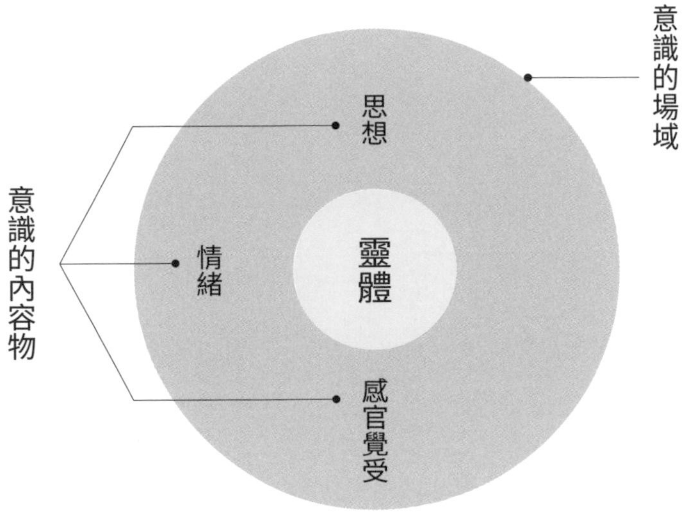
意識的場域
思想
意識的內容物
情緒
靈體
感官覺受

07

地球人都睡著了？展開有意識的探險

你認為你每次做決定都是有意識的，但實際上不是。你們無法選擇身體的一些特質，像DNA、種族、指紋等；而心理上，你的行為模式、性格、喜好，也不在你的控制範圍內。

「不過，」圖特停頓了一下，「根據多年對地球人的觀察，我們可以下一個結論：你們地球人都睡著了。」這句話引起了軒然大波，很多人本來就聽得一頭霧水，此刻更是被這句話激怒了。

幸雄首先發難：「是啊，我們現在是睡著啦，要不然怎麼會被你們外星人抓來這裡聽你們講這些廢話呢？」

圖特莞爾一笑，一點也不以為忤，反而火上加油地說：「應該這樣說吧，你們真正的意識睡著了，因此剩下來的是一部自動運作的機器，在掌控你們每日的生活。」

圖特胸有成竹地看著大家面面相覷、七嘴八舌地討論，而向東則頗有所感地看著圖特，並舉手說：「我常常覺得自己活著像個行屍走肉一般，重複同樣的生活，遭遇同樣的困境，面對同樣的問題，做出相同的反應。你所指的就是這個嗎？」

幸雄一聽，心念一動，想起自己這些年的漂泊，似乎完全沒有思考過自己到底真正想要什麼，以及事情為何會如此發展。他總是隨波逐流，每天就是機械化地因應外在生活的困境，完全沒有和自己的內在有所接觸。生活方式、思考方式、反應方式，似乎都一成不變。到了最後，自己究竟如何失去了一切，成為一敗塗地的失敗者，幸雄一點概念都沒有，只知道自己已經盡力了，剩下的都是別人的錯。

一個皮膚黝黑的女孩舉手發言：「圖特老師，我是曼谷的坤兒。你說我們是自動化的機器，那麼我們自動化操作的模式是不是依循著我們天生的命運軌跡呢？我找了好多我們泰國的算命師，他們說的都好準。他們說我天生孤苦，無法依靠任何人，需要自己努力奮鬥。這就是我的命嗎？你們外星人是怎麼看我們地球人的宿命論的？」

圖特低頭沉思了一會兒，抬起頭來對坤兒說：「就以你的命運為例來說吧。我剛才讀了你的檔案，我可以跟大家分享嗎？」在暴露別人的隱私前，圖特還是要小心地徵求許可。

坤兒點頭同意，圖特就開口了：「你父母沒有正式結婚，母親把你寄養在外公、外婆家，從小過的就是仰人鼻息、寄人籬下的生活，這是你先天的命運。在那樣的環境下長大的你，會對周遭的人、對這個世界，有什麼樣的看法？」

坤兒含著淚，低聲地說：「我覺得這個世界是個冷酷無情的地方，別人都是不可依靠的。唯一疼我的外婆，在我六歲那一年就撒手離世了。我只有靠自己，才能得到我想要的……」

這是向東也很熟悉的想法。從小沒了母親的她，早就習慣凡事自立自強，只有自己最可靠，別人都會讓你失望。隨著坤兒低頭飲泣，向東的眼眶也紅了，但是懂事以來就沒在人前掉過淚的向東，硬生生地把那份震動心弦的痛楚壓抑下去。

圖特點頭，輕聲地問：「那麼坤兒，你的這份信念——世界是不溫暖、不利於你的，而人們都是不可以依靠信賴的——在你成年之後的歲月裡，如何顯化成為你的實際經驗？」

坤兒訝異地抬頭，不可置信地問圖特：「你，你是說，我後來被好友欺騙、工作上總是碰不到好老闆，還有，還有我前夫的背叛，都是我這些信念造成的？這太不公平了！」

圖特緩緩開口：「**你們地球人有一種說法：『三十歲以前的面貌，是你雙親給你的；三十歲以後的面貌，就是自己要負責了。』地球人前半生的命運是命中註定**

的，後半生的遭遇則是自己的信念、行為、性格等造就出來的。當然，在你前半生中，會因為自己基因中的種種不同因素，而塑造出你個人不同的價值觀及行為反應，繼而影響你的後半生。」圖特說到這裡，轉而面對向東問道：「我可以說說你的情形嗎？」向東一愣，但還是點頭同意。

「北京的向東從小也是在一個很艱苦、感覺不到愛的情況下長大的。可是，她當時的信念是：『人是需要幫助的，尤其是弱勢的人。』所以向東出落成一位堅強勇敢的女性，而且熱心助人，不遺餘力。是這樣沒錯吧？」向東不好意思地點點頭，臉上露出了少有的紅暈。

圖特繼續說：「雖然有同樣的感受：『這個世界是不溫馨的，人都是不可信賴依靠的。』但是坤兒和向東採取了不同角度的觀點來看待這個世界和人們，因此她們後半生的命運是不相同的。」圖特愈說愈激動，「是的，你可以說你的命運早已經被決定了，被你天生的氣質、習性，還有前半生的遭遇綁住了、捆死了！但是，這是弱者的說法！只要你能從昏睡中覺醒，改變你自動導航機器中的程式，你就能創造不一樣的人生！」

幸雄聽得熱血沸騰，立刻舉手問道：「那要如何改變呢？你說我在昏睡中，我怎麼不覺得啊？我每天都是自主決定自己要去哪裡、要做什麼的啊，這怎麼叫昏睡呢？」

圖特轉向幸雄。「你認為你每次做決定都是有意識的，但實際上不是。你們無法選擇身體的一些特質，像DNA、種族、指紋等；而心理上，你的行為模式、性格、喜好，也不在你的控制範圍內。另外在靈性上，你也是絕對地昏昧。你想想，你的自主範圍有多少？」

停了半晌，圖特轉向大家說道：「你們可以不必採信我的話，但是隨著你們意識層次的提升，你們會逐漸在生活中驗證到這個事實。我在這裡想要帶你們做的，就是對無意識的海洋展開有意識的探險，這可以說是靈性的旅程、靈魂的研究、對內在深層的探索。」

圖特接著宣布大家回去要實踐的功課，並要每個人去見一下自己生活實踐時的搭檔。向東跟著阿凸走到一間船艙門口，回頭一看，幸雄也正朝這個方向走來。「不會吧！」向東懊惱，無可奈何地走進船艙。

08

看似簡單做來不易的練習

在生活中觀察自己

觀察情緒最簡單的方法就是去觀察你的身體，因為情緒其實就是身體對你思想的一個反應，只不過有的時候你還沒覺察到思想，情緒就起來了。

「這就叫作怨憎會吧？」一個寂靜、寒冷的夜晚，女兒已經熟睡了，向東坐在電腦前，不由得這麼想。全課堂裡的人，向東最不喜歡的就是幸雄，偏偏還跟他分到一組，在生活當中要互相提醒、彼此扶持，做好實習的工作。兩人分組時，阿凸再度重申圖特老師交代的事：「因為你們的意識（靈）都昏睡了，也就是觀察者始終缺席，所以想要覺醒的第一步，就是培養觀察者的臨在。這次的回家功課，就是要在生活當中不停地觀察自己。」坐在電腦前，向東把上課的筆記也整理出來了：

觀察自己的步驟：

❶當有負面情緒時（生氣、悲傷、鬱悶、煩躁、嫉妒等不舒服的感受），你要能夠覺察到，然後告訴自己：「哦！此刻我有負面情緒了。」這時候最重要的就是把注意力放在自己內在，而不是放在那個引起你負面情緒的人、事、物上。

❷先觀察一下你自己此刻的肢體動作是什麼。把注意力放在自己的身體上面，可以讓你不至於完全陷入自己的情緒衝擊當中。

❸接下來試著去看見你在想什麼，就是去觀察自己的思想。如果你能夠傾聽到那個「腦袋中喋喋不休的聲音」，你就是在觀察你的思想。聽到了之後，也許自己會嚇一跳：「我怎麼可能會有這種思想？」這個時候請你帶著覺知和愛去觀照它。它只是一個思想，不代表你，不要去與它認同，不要批判它，只是看著它。

❹你此刻有什麼情緒？如何觀察情緒？有些人連自己生氣了都不知道。其實觀察情緒最簡單的方法就是去觀察你的身體，因為情緒其實就是身體對你思想的一個反應，只不過有的時候你還沒覺察到思想，情緒就起來了。感覺你的身體哪裡緊繃？胃部是否有不舒服的感覺？心中央是否緊繃或抽痛？身體是

否顫抖？這些都是情緒在你身上作用的結果。觀察它、觀照它、允許它的存在，全然地去經歷它，不要抗拒。你會發現，你的全然接納和全然經歷，會讓它更快消失，甚至轉化為喜悅。

向東看著自己整理的筆記，很是得意。她一向就是成績好的高材生，這點功課真的不算什麼。但是今天在公司開會時，銷售總監陳偉力抱怨他手下的銷售人員不夠專業，最後竟然歸咎於公司的招聘及培訓制度不夠完善。當時向東還是沒能及時觀察到自己，她一如往常地強烈為自己的部門辯護，甚至到後來還暗諷陳偉力自己沒有做好甄選銷售人才的工作和平時業務上的培訓。兩人在會上針鋒相對，最後還是老總楊振林出來打圓場，才平息了風波。

事後冷靜下來，向東有些懊惱。怎麼一個小小的挑釁就立刻觸發她本能的反應，護衛自己就算了，最後還開始攻擊對方，按照圖特的話來說，就是進入了無意識狀態。這個觀察自己的功夫，看起來簡單，可是到了該用的時候，有時還真的不容易。

向東這時看到幸雄也上了Skype，正在考慮要不要和他分享自己的筆記，幸雄的訊息就來了：「嗨！北京姑娘！今天過得好嗎？」

向東最痛恨這種玩世不恭的打混態度，懶得跟他囉嗦，不想理會他。

幸雄的訊息又在閃爍；「猜猜看今天我在網路上碰到誰了？」

向東還是不回答。

「阿凸！」

向東很訝異，飛快地打字回去：「阿凸？怎麼可能？」

「就是啊！」幸雄得意得不得了，送出一個豎起大拇指的表情符號，「意外吧？」

向東問：「阿凸說了什麼？」

「沒什麼！我跟他說，觀察自己這玩意兒還真難實踐，沒事的時候還記得，一碰上事兒就忘光光了，真沒勁兒！」

向東有時候懷疑到底誰是北京人，幸雄跟他的前女友學了一口北京話，配上他的「臺普」，有時候真的變成了四不像。

為了自己的好奇心，向東還是捺著性子問：「那阿凸怎麼說？」

「阿凸說，一開始是很困難，每次都是後知後覺——事情過後才會想到剛才忘了觀察自己，而完全與當時的情境融合了。」

幸雄打字很慢，性急的向東在電腦旁乾著急。

「然後呢？」
「阿凸建議我們可以先從小事情，也就是讓我們反應不太大的事情做起，會比較容易進入狀況。」
向東忍不住了：「我在哪裡可以找到阿凸？」
「不是我去找的哦，是它自己找上我的。對不起，小姐，你得碰碰運氣。他還說……」
又是漫長的等待，向東又等不及了：「說什麼？」
「他說練習一段時間以後，我們會當知當覺——就是在事情發生的當時，就能夠想起來要觀察自己，也許還是無法改變當時的反應，但是至少收回一部分的意識了。」
「還有呢？」
「還有就是先知先覺啦，在負面情緒升起之前就能夠觀察到自己，因此就不會進入無意識的反應狀態，啊，那就大功告成啦！」
「多難啊！」向東抱怨。
「唉，小姐，總比我們以前不知不覺好啊！」幸雄安慰她。
說的也是，向東稍感欣慰了。為了感謝幸雄，她決定和幸雄分享她整理的心得筆記。

「哇！小姐，你以前在學校一定是高材生哦，筆記抄得這麼好！」幸雄看了以後由衷地讚賞。

「還好啦！」向東被幸雄直率的誇獎弄得有點不好意思，匆匆找個藉口下線了。

09
一通情緒性的電話
回觀自己，不被情緒左右

這個世界你所看見的人、事、物，都是你內在的一種反射。只要你自己內心改變了，外在就會隨之改變。

幸雄看向東匆匆下線，嘟囔了一句：「怪女人！」又在網上轉了幾圈，沒碰到什麼熟人，於是就開始他的線上大戰。每次只要一上線，幸雄就什麼負面感覺都沒有啦，反而精神抖擻、亢奮有力，覺得人生充滿希望。

打了一整夜的線上遊戲，蒙著頭睡了不到幾個小時，就被電話鈴聲吵醒了。他老大不情願地起床接電話，那一頭傳來一個不受歡迎的聲音：「你接到我律師的通知了？」是幸雄分居的妻子曉菲。

「嗯！」幸雄不想和她交手，只想敷衍了事，他還需要一些時間。

「你什麼時候跟我去簽字？簽了字還要去戶政事務所登記才算數呢！」曉菲咄咄

逼人。

幸雄換了隻耳朵聽電話，清了清嗓子說道：「曉菲，我們還可以談一談嘛！何必這麼絕情？我上次……」

曉菲不等幸雄繼續下去，打斷了他：「沒什麼好談了。你別忘了我手上還有你和小蜜通姦的證據，鬧上法庭大家都不好看。」曉菲得理不饒人。

幸雄只覺得一口氣往上衝，髒話就想罵出口，可是投鼠忌器，兒子還在她手上呢。但是幸雄還是氣不過，手都在微微地顫抖。這時候他突然想起「自我觀察」的方法，圖特老師是怎麼說的？先了解自己已經在負面情緒中了，「廢話！」幸雄心裡想。然後呢？看看自己的肢體動作。

幸雄發現他另外一隻沒有拿電話的手竟然握成了拳頭（是想好好揍曉菲一頓吧？），便有意識地放鬆自己的手掌，深吸了一口氣。還來不及進行第三個步驟呢，曉菲又開罵了：「喂！喂！你怎麼不說話啊？跟個縮頭烏龜似的，你還算個男人嗎？」

回觀自己的身體，讓幸雄神智比較清醒，所以聽了這段話，他不怒反笑了。曉菲什麼時候變得這麼潑辣的？她是傷透心了吧？以前在學校的時候，曉菲可是一個乖乖的、甜美的、溫順的小學妹啊！幸雄想起不知道在哪裡看到的這段話：「結婚的時候，男的希望女的永遠不變，女的希望男的婚後會慢慢改變，結果雙方都大失所望。」幸雄就是一點都沒變，還是大學時候那個放蕩不羈的風流才子——永遠不是個好丈夫的料。

曉菲又沉不住氣了：「我給你一個星期的時間解決，希望我們好聚好散，不要法庭上見！」語畢，不等幸雄的反應，她就掛電話了。

幸雄呆了半晌，這才想起來還有步驟三：觀察自己的思想。是啊，他剛才在想什麼？居然想到的是那個男人女人婚前婚後不同的笑話，這倒是滿好的。如果幸雄當時想的是：「這個臭婆娘，老子現在沒錢了，你還這樣落井下石，老子跟你拚了！」那麼他也許按捺不住自己的脾氣而破口大罵曉菲了。原來我們腦袋裡的思想對我們的情緒和行為這麼有影響力啊！

不過幸雄還是憋了一肚子氣，再也睡不著了。他想到第四個步驟：和自己的負面情緒在一起。但是幸雄的雙手還在顫抖，可見得餘氣未消，他不願意繼續去感受這股有怒氣卻沒地方發洩的痛苦，因此決定再上網廝殺一番，把怒氣化為勇氣，好好地挑戰那些怪獸和難關。

玩了沒兩局，幸雄看到自己的電腦螢幕居然出現了阿凸的影像，還有隨之而來的問候：「幸雄你好！你表現得不錯啊！」

幸雄洩了氣：「又是你啊，阿凸。別提了，我操——」

「喂，別罵髒話。你表現得真的很好，你終於開始覺醒，不再睡覺了。」

「我是睡不著了，你看我不是又在奮戰了嗎？」

「不是啦，我是說，你現在能夠回觀自己，不再完全被潛意識裡的模式或自己的負面情緒牽著鼻子走了。」

「但我還是一肚子氣，沒有地方發洩啊！」幸雄抱怨。

「別擔心，我們第二階段的課程就會教你如何去療癒自己的負面情緒。」阿凸安慰他。

「我問你，」幸雄不服氣地想挑釁，「我學會觀察自己了，我忍氣吞聲，那她呢？她就可以在那裡耀武揚威，不需要去觀察她自己了？你們怎麼不把她抓到太空船去好好上上課啊？」

「別急，」阿凸輕聲地說，「時候會到的。我們每個人只要先管好自己的事情就好。在後來的課程中你會明白，這個世界你所看見的人、事、物，都是你內在的一種反射。只要你自己內心改變了，外在就會隨之改變。」

幸雄不耐煩地說：「這我聽多了，你們最好能證明給我看。」

「呵呵，」阿凸莞爾，「你會自己看見的，放心吧。」

10

你的內在對話
內在父母與內在小孩

每一個人心裡都有這兩種聲音：內在的嚴厲父母和內在的反抗小孩……

第二次聚會的時候，大家比較熟悉環境，彼此開始交談了，整個大船艙內鬧哄哄的，直到圖特老師上臺，大家才安靜下來。圖特一開始就親切地問候大家：「怎麼樣？觀察自己的練習做得如何？」

幸雄首先舉手發問：「我是臺北的幸雄。我想問的就是，觀察自己有什麼用處啊？別人不觀察自己，只有你在觀察自己，這不是很吃虧嗎？」有些同學笑了起來，幸雄感覺向東冷冷的眼光掃了自己一下。

圖特平靜地回答：「觀察自己是你靈性成長的第一步，它讓你能夠脫離對自己的情緒、思想，還有對當下的情境、狀況的認同。一旦你可以開始觀察自己，就從睡眠中醒來了，你看到自己只不過是一部被自動化模式操作的機器，那麼真正的覺醒就有可能展開。」

向東也舉手發問了：「觀察自己的難度比我想像來得大，我們怎麼樣可以駕馭這個技巧呢？」圖特聽了，呵呵一笑說道：「向東，你真是標準的完美主義者，學了一樣東西，就立刻要『駕馭』它。」向東不好意思地低下頭。

「**觀察自己有一點要注意的就是，千萬不要批判自己，或是為自己的情緒辯護，甚至為自己的行為自圓其說。**」圖特看看她，繼續下去，「我知道你在開會時和銷售總監的衝突讓你很懊惱，因此又開始批判自己了。這個時候你可以展開第二次的自我觀察——觀察你的內在對話。我可以跟大家分享嗎？」向東點頭。

這時候，教室內突然響起向東的聲音，圖特解釋說：「大家聽聽向東『內在父母』的指責。」

「向東啊，你又來了。你看看，人家只不過稍微提醒一下你們公司的培訓和招聘制度有些地方可以改進，這些制度又不是你訂的，你那麼激動幹麼？年紀這麼大了，還這麼衝動，剛學會的觀察自己的工夫一點都用不上，真是糟糕。」

圖特又說：「大家再聽聽向東『內在兒童』的反抗。」

「這個銷售總監已經不是第一次說這樣的話了，他就是存心找我的碴，在那麼多人面前讓我下不了臺。表面上說的是制度，還不就是怪我辦事不力？誰都知道他在指桑罵槐！我當然不能示弱，當場就要他好看！」

看到向東有點不好意思，圖特好意地解釋說：「在場的每一個人心裡都有這兩種聲音：內在的嚴厲父母和內在的反抗小孩，是不是？」大家都點頭承認。

「我們的內在總是有很多不同的聲音，這兩種聲音是最具代表性的。不過，既然我們學會了自我觀察，就要知道培養一個公正的有愛成人聲音，是非常重要的。」

圖特又看看向東，柔聲地說：「向東，你已經盡力了。一直以來，你就是在當場面對別人責難這方面有些困難，這是你的功課所在。我知道你心裡很難過，**你可以允許自己難過，不需要去隱藏或逃避它，就只是跟你的難過在一起**。試試看。」

圖特柔聲的勸慰讓向東幾乎要掉下淚來。從小到大，一直都沒有人這樣對她有同理心地、理解地、寬容地說過話。這個聲音對她而言是陌生的，好像來自遙遠的國度……

圖特繼續鼓勵她：「這也是你內在的聲音，你可以去滋養這個有愛成人的聲音，讓它逐漸壯大。然後你就會明白，你多年來在外面尋找的無條件的支援，其實就在天邊不遠處──你自己的心裡。」向東感激地點點頭。

圖特轉向大家。「有一個禪宗公案：『每個人的心裡都有一匹惡狼和一匹好狼，最後哪一匹狼會存活下來呢？』」

幸雄不假思索地回答：「惡狼！」有幾個同學笑了起來。

圖特輕輕地搖頭說：「不，是你餵養的那匹狼，它會存活下來。」大家都若有所悟地點點頭，幸雄則尷尬地摸摸自己的鼻子。「所以，要記住去餵養你內在那個有愛成人的聲音，認出他來，把他的音量調大。」圖特諄諄不倦地叮嚀。

「可是，」東京的友子舉手了，「我們怎麼知道自己內在的聲音是有愛成人，還是內在父母啊？他們有時候聽起來很相近。」

「很好的問題，」圖特很滿意，「**有愛成人的聲音有幾個特質。首先，他不批判你；其次，他不會製造二元對立，例如贊成你的作為或不贊同你的想法。他只是如實地觀照，然後用極其慈愛、充滿同理心的方式與你溝通。**」

向東終於明白了，自己多年的尋尋覓覓、工作上的不斷求表現，其實都是在尋求別人的肯定，也就是別人的讚賞和愛。如果真的能在自己內心找到這個有愛的成人，並且去滋養他的臨在，那麼，多年的漂泊流蕩就可以終止了，向東就可以回家了。想到這裡，向東又是激動又是興奮，對圖特老師充滿了感激。

11

如果身心靈是一棟房子
培養靈性空間

當我們的心裡充滿情緒性的垃圾，每天都在抱怨，不知道感恩、欣賞我們所擁有的事物時，我們的內在空間就會很小，難怪我們覺得很不快樂、很不舒服。

幸雄走進小船艙，看到向東激動得臉紅撲撲的樣子，就毫不掩飾地盯著她看。他心裡想，這個男人婆看起來冷若冰霜，沒想到也這麼容易激動。向東對於和幸雄分在同一組，本來就不樂意了，現在看到幸雄嘲弄的眼光，更是老大不高興地瞪了他一眼。

兩個人坐下來後，助教阿凸就說：「我先放一段影片給你們看，然後你們倆要就相關的主題做個討論。最後，你們要到生活中去實踐，彼此要互相支持打氣。」說完，它從肚子裡射出雷射光，一個活生生的圖特就呈現在兩人面前。

阿凸補充說：「這是全像式的投影，看起來會像真的一樣。」幸雄還忍不住伸手去觸摸圖特的影像，果然撲了個空。

圖特的影像開始說話了：「**我們的身心靈如果用一棟房子來比喻的話，我們的身就是房子的框架，也就是結構本身、硬體的部分；而心，也就是我們的思想、情緒、感官覺受等，就等於是房子的裝潢、色調、家具等部分**。就房子本身來說，最重要的是什麼呢？」圖特停下來。

幸雄歪著頭答道：「格局？還是大小？」向東也說：「屋頂的高度！」

圖特好像聽得見他們講話似地，一一點頭認可。然後他宣布答案：「房子最重要的就是：空間。沒有空間，人無法住進來，東西也沒地方放。更重要的是，一個房子的空間感，決定了這個房子是否讓你有舒適的感覺。

「而房子的空間，在這裡就可比喻為我們的心靈。現在，讓我們看看這個身心靈與房子的比喻：我們的身體如果不健康，就像房子的結構、框架有問題；心理如果不健康，就像房子裝修的品味很差，而且塞滿了垃圾——各種負面思想和情緒，那麼這個房子的空間就無法使用，或是房子看起來就很不舒服，而住在裡面的人一定也不會覺得舒適、開心。」向東覺得很有道理，不停地點頭。

「同樣的，**當我們的心裡充滿情緒性的垃圾，每天都在抱怨，不知道感恩、欣**

賞我們所擁有的事物時，我們的內在空間就會很小，難怪我們覺得很不快樂、很不舒服。」

這時候，圖特的身前出現幾行大字：

房子的架構好＝身體健康、美食豪宅、外在享受

裝修高級豪華＝有很多物質的東西來提供心理上的享受、歡愉

「但是，」圖特收起這幾行字，「如果沒有空間，也就是說，你不注重靈性的培養，那麼這個房子還是讓你住得不舒服。所以，你們學習到的觀察自己的工夫，就是一種靈性空間的培養方法。現在，」圖特宣布，「你們要一起討論、商量，看看在日常生活中，除了觀察自己之外，要如何培養靈性的空間？阿凸會輔助你們進行討論。」

圖特的影像消失很久之後，幸雄和向東還是面面相覷，半天沒有人說話。阿凸終於開口了：「嗯，你們要不要討論一下？」幸雄終於打破沉默：「好啊！靈性空間的培養……嗯，這究竟是什麼意思啊？」

阿凸的程式跑了好一會兒，然後說：「我找個你能接受的說法吧。靈性空間的

能量振動頻率，與你們身心的振動頻率並不相同。你們的身體是堅實的物體，它的頻率厚重，而心裡各種活動的頻率雖然比眼睛看得見的事物高，但還是沒有內在的靈性空間來得高。所以你可以想一想，在你的生活當中，有什麼東西可以讓你感覺比較輕盈、愉悅？」

幸雄歪歪腦袋，幾乎不假思索地脫口而出：「網路遊戲讓我飄飄欲仙，陶醉不已。還有，嗯，就是那個、那個……」幸雄瞥了向東一眼，不敢說下去。

「是性愛嗎？」向東大膽地接話，幸雄反而有點不好意思地低下頭來。「好的性愛的確可以把你帶到一個忘我的境界，但是大部分的人，」她看了幸雄一眼，「尤其是男人，把性愛當成滿足生理需要的工具，那就失去它真正的意義了。」說完，她看了阿凸一眼，覺得自己真是奇怪，居然跟一個機器人大談性愛。

「我看看。」阿凸翻閱自己內在的檔案，肚子上燈光閃爍，「性愛，嗯，的確，向東說的那種性愛是可以提升你的振動頻率，開拓靈性空間。但是網路遊戲，」它的肚子上紅燈大亮，「是一種會讓人上癮的遊戲，完全無法提升靈性空間。」

這時候，船艙的門打開，真的圖特進來了。他關心地詢問：「怎麼樣，你們這組進行得如何了？」幸雄兩手一攤答道：「我們只說了兩個，一個是性愛，一個是網路遊戲。」

圖特莞爾一笑：「**能夠提升靈性空間的活動，會讓你在生活中感受到內心的一種悸動，感覺到一股深沉的喜悅或平安。**你們可以想想嗎？」

向東開口了：「我每次跟我女兒玩的時候，會感覺到發自內心的滿足和喜悅。」看到圖特點頭讚許，向東又加了一句：「還有，每次投身大自然的懷抱時，也有這種感覺。」

「是的，非常好。」圖特滿意地說，「其實，你們地球人所做的一些宗教上的修持，也是提升靈性空間很好的方式。」在圖特的指引下，向東和幸雄總算擬出下面這張清單，準備在生活中實行。

提升靈性空間的活動：

❶跟寵物或小孩玩（要全神貫注，而不是心有旁騖）。
❷與自己愛的人共度優閒、溫馨的時光（要全然地臨在，而不是例行公事）。
❸照顧自己養的花草、寵物。
❹聆聽優美的音樂。
❺輕鬆地讀一本讓人回味或受益的好書。

❻清理自己居家的空間。

❼與大自然共處：去郊外玩，或是花點時間享受藍天、白雲、花草、樹木等自然界的景物。

❽寫東西（日記或部落格，與自己的內在有所接觸）。

❾做自己喜歡且需要投入創意的藝術創作。

❿可以放慢動作的運動（游泳、慢跑、瑜伽、太極拳）。

⓫聽一場好的演講，並與主講人產生共鳴。

⓬欣賞藝術創作或表演。

⓭宗教的修持（佛教：念經、持咒、禮佛、聽開示；基督教：唱詩歌、禱告、讀聖經、聚會；其他任何宗教上的修持）。

⓮靜坐冥想。

12

自己的領悟
不要用頭腦思考，要用「心」去體會

地球人所做的每一件事，都是基於「感覺」而做的，方法也許各不相同，甚至很多是有害的、錯誤的，但目的都一致：希望感覺好一點。

幸雄坐在家中，蹺著二郎腿，看著這張基本上都是向東的投入而做出來的清單。連他自己都覺得不可思議的是，他的日常生活中沒有一件事情可以列入其中。

他記得圖特還說：「這些活動都有一個特色：藉由關注無形的東西，帶領你進入自己內在的更深處。而且，它們的共通之處也在於：用心去體會，而不是用頭腦去思考。」

幸雄一一檢視這份清單。花草、寵物就不用說了——根本不存在他的生命中，他倒是有個孩子，但是他跟兒子相處的時間並不多，就算在一起，不是在看電視就是帶孩子出去吃東西，或是逛街、去遊樂場玩。他的注意力始終在外界，而不是專注在孩子身上。

跟老婆及家人在一起的時候也是一樣，始終都有一些外在的事情在進行：看電影、吃飯、聊天、購物，很少真正地沉靜下來，單純去體會對方的「存在」。長此以往，彼此的關係都是停留在「表相」上，十分膚淺且制式化。

幸雄很少看書，也不太聽音樂，沒有藝術細胞，對宗教也不感興趣。如此算下來，幸雄的靈性空間真是貧瘠的荒原！他呆了半晌，又習慣性地打開電腦，結果看到向東寄來的郵件：「幸雄，圖特老師要我們互相鼓勵打氣，我寫這封信就算是交差了。」

幸雄心裡想：「這女人，什麼態度！」

「我回來想了想，決定採取以下行動，作為目前擴展我靈性空間的方式。」郵件裡，向東一板一眼地列出自己要做的事項。

■現在開始三個月內的計畫：

●報名辦公室附近一個瑜伽中心的課程，每週抽出三個中午去練習瑜伽。

●週末多帶女兒去郊外走走，享受大自然中的兩人世界。

●一週讀一本好書。

■未來三到六個月的計畫：

●報名參加陶藝課程，學習捏陶。

●開一個部落格，寫一些自己對生活的心得感想。

●學習靜坐冥想。

希望你也找到適合你的方法。祝福你。

向東

幸雄看了以後，一股不舒服的感覺衝上腦門。不過，他最近養成觀察自己的好習慣，這時倒是發揮作用了。他試著去理解自己的不舒服情緒究竟是什麼想法造成的，於是他開始聆聽腦袋裡的對話。

「這個女人！她以為她是誰啊？老是在老子面前耀武揚威的。」

「其實沒有啦，她只是遵照指示，跟你分享她的想法而已啊。」

「她跩什麼跩？自以為了不起！」

「幸雄你很差勁耶！被一個女人比下去了。」

「什麼擴展內在空間，你連個屁也沒有，什麼事都做不了。」

「你可以試試看的，就找幾個能做的先做吧！」

「你這輩子就這樣了，被外星人選上也救不了你啊！」

「幸雄你可以做到的，這些對你來說雖然是新觀念、新做法，但是你可以不鳴則已，一鳴驚人啊！」

幸雄抱著頭，聽到自己內在有這麼多不同意見的聲音，感覺都快瘋了。難怪有人說，精神病患和正常人的差別就在於：精神病患把心裡想的話都說出來，正常人沒說出口而已！

「要是沒有做這樣的自我覺察，這些心裡面的聲音會造成什麼樣的影響呢？」幸雄反思。「那可能會讓我們不停地去找些事來做、找人說話、上網、抽菸、喝酒等，這些事可以讓我們分心，這樣就不必去聆聽這些腦袋裡分裂的聲音了吧！」

幸雄終於明白自己為什麼那麼喜歡沉迷於網路遊戲了，至少在網上跟虛擬的怪獸或敵人廝殺的時候，你完全進入一個虛幻的世界，覺得很過癮，而且不必去感受內在的這些矛盾衝突。更重要的是，網路世界帶給他美好的「感受」。圖特也說過，**地球人所做的每一件事，都是基於「感覺」而做的，方法也許各不相同，甚至很多是有害的、錯誤的，但目的都一致：希望感覺好一點，即使是暫時的。**

幸雄這時又想起圖特說的：「去滋養、傾聽有愛成人的聲音。」他定了定神，想到當初自己對圖特的承諾：「要全力以赴！」於是他回了封信給向東。

謝謝你的分享，我很佩服你。我想起來我可以做的事就是：早上起來去慢跑，一路上把注意力放在自己身上，跟自己好好相處一段時間。另外就是要清理一下我凌亂不堪的家。還有，我從小跟母親上教堂，其實很喜歡教堂莊嚴肅穆的氣氛，我可以試著在每個主日到教堂去坐坐。加油！

幸雄

13

為什麼互看不順眼？
回顧自己的陰影

當你覺得別人「高高在上」的時候，是因為你內在有一個「低低在下」的自我。當你有被別人輕視的需要時，才會被別人鄙視。

向東和幸雄又坐在小船艙內，無趣地面對面。阿凸請他們報告自己一週來的實踐心得，向東眉飛色舞地說著自己對瑜伽的新體驗，還有和女兒一起享受大自然、花草樹木的樂趣。幸雄興味索然地聽著，正眼也不瞧向東一眼。

輪到幸雄報告，他沒好氣地說：「都讓她說完啦，我還有什麼好說的？不就是做這些事讓心裡舒服一點嘛，我有做啊！慢跑也跑了，房間也收拾了，教堂也上了，不就是那麼一回事嘛！唉！」

向東聽了這些話，覺得這個人實在是沒有靈性到了極點，不知道為什麼外星人會挑中他來做實驗，可能是來作對照組的吧。想到這裡，向東又輕蔑地看了幸雄一眼。

幸雄這下子真的氣不過了，倏地站起來，朝向東開罵：「你看什麼看？老子這樣不行嗎？一天到晚擺什麼架子，自以為高人一等，有什麼了不起？」向東被幸雄沒來由的怒氣嚇了一跳，臉色大變，倔強地抿著雙唇，不說話也不看他。

幸雄跟人家吵架，最恨碰到這種悶葫蘆，正準備繼續追擊，船艙門突然打開，圖特進來了。幸雄看到圖特氣定神閒的樣子，頓時像個洩了氣的皮球，癱坐在椅子上，一言不發。

圖特看了看他們，然後點頭說：「很好！很好！我們正好要進入陰影投射的課程了，這樣一來，你們倆都有題材可以發揮了。」阿凸肚子上的燈光剛才被幸雄的怒吼擾亂了好一陣子，在圖特沉穩的語音下，逐漸安定下來。

圖特看著兩人，語重心長地說：「你們地球人在與外在的人、事、物互動時，如果產生了負面的感受或情緒，都認為是外在的那個人或情境所引發的。殊不知，那份不滿與不快其實源自你的內心，不在外面。」

圖特看看幸雄，柔聲地問：「幸雄，你覺得向東哪裡惹到你了？」幸雄被圖特這樣一問，有點不好意思，搔搔頭說：「沒什麼啦，就是，嗯，我覺得她老是不可一世的樣子，高高在上的，讓人覺得很不舒服。」在圖特面前，幸雄變得文雅許多。

「好。」圖特包容地說，「那麼，你是否可以斷言，向東就是一個高高在上，喜歡睥睨他人的人？」幸雄聳聳肩，不在乎地說：「應該是吧！」圖特又問：「那麼，這輩子所有遇到向東的人，都會對她有這樣的評語嗎？」幸雄一愣，不確定地說：「我不，嗯，不敢確定。」

圖特笑笑地說：「其實，當你覺得別人『高高在上』的時候，是因為你內在有一個『低低在下』的自我。當你有被別人輕視的需要時，才會被別人鄙視。」

幸雄從來沒聽過這樣的言論，呆呆地看著圖特。圖特又說：「你不需要相信我的話，但是你可以回去好好想想，並且在生活中去體驗看看。**一個自卑感重的人，自然會在生活中體會到許多別人不尊重他的感受。一個覺得這個世界沒有溫情的人，到處都會被人冷眼看待。**」圖特看看兩個人，嚴肅地說：「你怎麼看待這個世界，這個世界就怎麼樣對待你。」

圖特又轉到向東那一邊。「你呢？你為什麼看他不順眼？」向東不好意思地低頭，囁嚅地說：「嗯，我覺得他沒有耐心，涵養不夠，而且很粗俗。」

圖特點點頭，然後正色地問：「你自己和幸雄相反嗎？很有耐心、很有涵養，而且高雅不俗？」向東被圖特的話弄得有點不好意思，只有沉默以對。

「這可能是你小時候的影響吧？」圖特問。

向東想了一下，緩緩地說：「我生下來沒多久，母親就死了。在成長的過程中，如果我高興一點、說話大聲一點，奶奶就會說，女孩子要有女孩子的樣子，千萬別讓人家說你是沒媽的孩子。所以，」向東低頭，「我從來不在別人面前掉淚。」

「久而久之，你也不會在別人面前歡笑了。」圖特沉聲道，「因為哭泣和歡笑是一體的，你丟棄了一面，另一面也會被丟棄的。」

圖特面對兩人，又開始解釋：「**每個孩子在兩、三歲之前，所有不合乎家庭、社會甚至學校標準的個人特質（對孩子來說，是一種自然的行為）就會被壓抑到無意識中，這就成了陰影。**」

幸雄這時突然想起自己其實也有高人一等、睥睨他人的傾向，只是他用嬉笑怒罵的方式來表現，比較不著痕跡。

圖特看出幸雄的領悟，笑了笑又繼續說：「**陰影就是你認為你自己是什麼樣的人的相反。我們的人格愈是發展，我們埋藏在深層的陰影就愈多。如果我們只偏頗地活出我們生命的一部分，不了解我們深藏的陰影的話，陰影會破繭而出——**」圖特停了一下，「**它會在我們的生活中創造出憤怒、批判、抑鬱、夢魘，甚至疾病和意外。**」

看著愈變愈嚴肅的兩人，圖特又笑著說道：「接受並整合我們的陰影，可以幫助我們了解自己，變成比較完整的人。如果不整合你的陰影，你會不停地對別人投射你的陰影，不斷地批判他人，使得人際關係變得很糟。」向東和幸雄看看對方，又不好意思地低下頭。

「在這種情況下，你也會不斷地碰到你不喜歡的事，或是你不喜歡的人，這就是你們地球上一位智者說的『怨憎會』。」圖特停了一下，又繼續說，「而且，你在日常生活中會需要很多能量來壓抑你的陰影，所以一旦陰影被整合，有許多充沛的能量會被釋放出來，用在更有用的地方。」

14

我的反思

擁抱自己的陰影

你所痛恨的也許為你帶來了一些好處，你如果緊守著天平的一端，永遠沒辦法看到它的平衡。

向東坐在自己的桌前，無奈地看著圖特交代的作業。看著這些題目，向東知道自己勢必被迫面對童年的舊創。

❶找出一個你常常會指責別人的議題，這件事常常讓你有很強烈的情緒反應。寫下：我不喜歡＿＿＿＿＿＿的人（要投入並表達你的情緒）。

向東寫了：我不喜歡粗暴、沒有耐心的人。隨著自己筆尖的滑動，向東把對這類人的痛恨帶到了最高點。

❷回顧你過去一生，什麼時候曾經遇到這樣的事和人？你家裡有誰是這個樣子的？要從童年開始想。

向東的筆到這裡停住了，她不太願意觸及這一塊，天人交戰了半天，咬咬牙，還是寫了：我的父親就是一個很粗暴、沒有耐心的人。就是他的沒有耐心和粗暴，讓我在襁褓中就失去母親。

向東突然覺得一股巨大的憤怒席捲而來，讓她恨不得把紙撕碎了。她停留在這裡，氣喘吁吁，過了好長一段時間才沉靜下來，繼續她的作業。

❸再想想你這一生中，是否曾經對其他人做過同樣的事？在回想這些往事的時候，你是否覺得羞愧或心痛？

向東回想起自己小時候一件印象深刻的事。五歲那年，隔壁的阿香到家裡來玩，兩人拿著唯一的洋娃娃玩家家酒。結果兩個人都吵著要當媽媽，阿香一句：「你憑什麼當媽媽？你自己連媽媽都沒有！」惹得向東勃然大怒，拿起娃娃就朝阿香的腦袋敲下去。娃娃的頭是硬的，把阿香的前額敲出一個大包。奶奶一看氣壞了，不由分

說地賞了向東兩個耳光，然後緊緊抓著她，一字一句地說：「沒媽的孩子要特別有耐心、有教養，別讓人家說閒話！」

向東還記得後來隔壁王媽媽到他們家興師問罪的凶惡樣子，嚇得向東躲在角落裡不知所措。奶奶一直跟人家賠不是，好不容易王媽媽才氣消了回家。這件事情奶奶還不敢告訴向東的爸爸，怕他的臭脾氣會饒不過小向東。

向東拿著筆的手都有點顫抖，往事一波一波如潮水湧來。這個議題不僅僅是向東的陰影，還有她童年的悲慘、孤苦、委屈，都混雜在一起了。

在盈眶的淚水中，向東又想起自己有時候對五歲的甜甜也相當沒有耐心。向東下班時，往往還有未完成的工作，但甜甜盼媽媽盼了一天，看到媽媽好不容易回來了，就一直纏著向東，不讓她打電腦。向東有時候會好言相勸，但是屢勸不聽，向東就會失去耐性地對甜甜吼叫，甚至把她推開，要保姆抱走她。

帶著深深的羞愧和懺悔，向東終於流下眼淚。在婆娑的淚眼中，向東看了下一道題目。

❹再想想，你什麼時候曾經對你自己做過這樣的事？

「我什麼時候對自己粗暴、沒有耐心啦？」向東自問。她第一個直覺反應就是：「沒有啊！」

但是她突然想起來，她對自己一向不太溫柔——手指頭常常不小心被紙割傷，腿上也常常這裡青一塊那裡紫一塊，卻想不起來是怎麼撞傷的。這就是下意識想懲罰自己吧？而且用這麼暴力的方式。

向東一向自律甚嚴，跟自己沒什麼好商量的。想減肥的時候，她可以完全無視於身體的飢餓，連續好幾個星期少量進食、大量運動，硬是把不小心增加的體重給減掉。工作的時候，她也可以完全不顧身體的疲倦，不眠不休地把工作趕完。

還有還有，向東無止境地願意助人，始終把自己放在最後一位。為了安慰老公有外遇的朋友，她可以拖著疲累的身心整夜傾聽對方哭訴，試圖安慰、陪伴。

做人家的第三者時，向東可以識大體地讓男人每個休假日和節日都回去陪家人、小孩；而當別人介入向東的親密關係時，她可以忍讓，有風度地退出。

是的是的，向東愈寫愈委屈，別人都是最重要的，就你自己永遠排在最後一位。耐心和溫柔都給了別人，自己一點也不保留！

「原來真正粗暴而沒有耐心的，是我自己。」寫到最後，向東有恍然大悟的感覺。

❺ 你對這個議題有很強的情緒反應，這樣的行為、反應對你有什麼幫助？找出它們後，帶著感恩的心看著它們。

除了對自己更加粗暴之外，能有什麼幫助？向東反感地想著。帶著感恩的心？我要怎麼感恩我的陰影啊？

這時，她想起圖特的話：「這只是讓你看見，你所痛恨的也許為你帶來了一些好處，你如果緊守著天平的一端，永遠沒辦法看到它的平衡。所以這個問題是要幫助你看見，也許天平還有另外一端，你可以看看，這樣就比較容易把你帶回到中心點。」

向東想了想，自己討厭沒耐心、粗暴的人，所以在生活上就會特別注意要彬彬有禮、舉止合宜，而且相較於其他女強人型的同事，向東真的比較有耐心，也比較溫和（至少表面上）。

而私底下，向東對自己的粗暴、沒耐心，造就了一個成功的女強人，姑且不論她心裡是否快樂，但向東在事業上的傲人成就有目共睹，這不能不說是內在那個一直毫不留情鞭策自己的陰影造成的。它沒有對錯，只看你如何去把握、應用它，而不是讓它來使用你！向東覺得自己好像開竅了！

❻到心的中心去，打開你的心，擁抱你的陰影，接受你自己。[1]

向東這時坐在鏡子前，閉上眼睛，試著把注意力集中在自己心口的正中央。她放慢呼吸的速度，讓呼吸輕柔地撫慰自己的心口，然後把「粗暴、沒有耐心」的特質帶到此刻已變得柔軟的心中，讓心裡的美好特質融化它們。

「可以的，可以的，」向東輕聲地對自己說，「粗暴是可以的，沒有耐心是可以的，我接受你們，在愛和光中接受你們。」最後，當向東感覺到心口已經完全放鬆，沒有任何壓力和緊繃時，她緩緩張開眼睛，用圖特教她的方法對著鏡中人說：「我接受你，向東，無條件地愛你、認可你。我永遠在你身邊。」

剛開始說的時候，向東真的很不習慣，幾乎無法啟齒。看著鏡中的自己陌生而遙遠，於是又閉上眼睛，不敢看自己。但是，她不斷嘗試觀想愛和光的到來，讓自己有勇氣再度睜開眼睛，對著鏡中人說：「我支持你，我愛你，我不會讓你再受委屈。」

說完以後，向東的淚水撲簌而下，似乎第一次有了一種回到家的感覺。

1. 這六道題目來自香港 Deborah Chan 的內在工作坊（Inner Work）。

15

你的回觀
接納自己

為了讓自己看起來不像他最討厭的那種「自以為是、目中無人、睥睨他人」的人，所以他用說話大聲豪放、喜歡調侃別人的偽裝來掩飾。

幸雄坐在電腦前，花了很大的力氣克制自己，才能憋著不去打開網路遊戲，繼續昨天的廝殺。他看著圖特給的作業，嘴裡嘟囔著說：「還給作業，有完沒完。」他老大不情願地打開作業，準備敷衍了事。

❶找出一個你常常會指責別人的議題，這件事常常讓你有很強烈的情緒反應。

寫下：我不喜歡＿＿＿＿＿＿的人（要投入並表達你的情緒）。

幸雄心裡想，那還用說嗎？就是那個女強人啊。人家都說有的女人其實就是戴了假髮的男人，一點女人味都沒有，向東這女人連假髮都省了，一頭削得不能再短的頭髮，比幸雄快及肩的長髮短多了。反了，反了，幸雄想，這就叫作「牝雞司晨」，男女不分了。

想歸想，幸雄還是老老實實地寫下來：「我不喜歡頤指氣使的人，高高在上、自以為是。」想到那女人，幸雄還是不舒服，覺得自己堂堂大男人，居然讓人小看了！總歸就是兩個字：「不爽！」幸雄還寫下：「我最恨她那種輕蔑的眼光！」

❷回顧你過去一生，什麼時候曾經遇到這樣的事和人？你家裡有誰是這個樣子的？要從童年開始想。

小時候有誰是這樣？幸雄想起了自己很不願意想起的那個人——爸爸，他的父親可以用「剛愎自用」來形容。不用多想了，就是他，那個自以為是的老頑固，每次幸雄做錯事，就用一副「你看吧，我早就告訴過你！」的表情來羞辱他！

❸再想想你這一生中，是否曾經對其他人做過同樣的事？在回想這些往事的時候，你是否覺得羞愧或心痛？

幸雄對這個題目產生無比的抗拒。我自己也是這樣？怎麼可能？我一直是個豪邁奔放，但謙虛有禮的人啊。他在大陸開工廠時，對員工也都是一視同仁，跟他們稱兄道弟的，怎麼可能目中無人呢？

幸雄想到圖特搖頭晃腦的老學究樣。「再想想，到你的內心深處去想想，誠實地、勇敢地好好自省一下。」他也想到自己的承諾：要學習，就要學好！

幸雄閉上眼睛，開始認真地在內心搜索。有沒有？我有沒有睥睨他人？我有沒有自以為是？

終於，幸雄靈光一現地想到，自己大剌剌的個性，以及逢人就勾肩搭背、稱兄道弟的行為，是不是也是一種因為自卑感而引起的自大狂，卻用外表這種誇張的行為來掩飾自己內在的脆弱呢？

方向對了，靈感就一直浮上來。是的，從另一個層面來說，幸雄其實心理上對自己工廠裡那些工人，是有著一定程度的不屑。但是為了讓自己看起來不像他最討厭的那種「自以為是、目中無人、睥睨他人」的人，所以他用說話大聲豪放、喜歡調侃別人的偽裝來掩飾。

想到這裡，幸雄是有些臉紅，這也算羞愧了吧？原來自己也是像父親那樣的人，而且更糟糕的是，父親至少沒有偽裝，但是幸雄卻欺瞞了所有人，包括他自己！

❹再想想，你什麼時候曾經對你自己做過這樣的事？

幸雄看了題目，隨即明白了。他自己也不屑自己、瞧不起自己，難怪事業、婚姻、金錢一敗塗地！這樣一種批判、分別的心理，最早還是源自對他自己的吧，然後再殃及他人，卻用美好的包裝來掩飾。幸雄有一種恍然大悟的感覺！

❺你對這個議題有很強的情緒反應，這樣的行為、反應對你有什麼幫助？找出它們後，帶著感恩的心看著它們。

有什麼幫助？幸雄想都不用想，那就是：他是個最沒有架子的老闆，也是一個最隨和的朋友。既然討厭驕傲的人，自己就會極力擺出一副謙和的樣子，所以幸雄雖然事事不如意，但是在外面人緣還是好得不得了。生意失敗了，朋友開了一家餐廳，還讓幸雄來經營，並且免費分了些乾股給他。想到這裡，幸雄內心升起無限的感恩之情，原來自己這個陰影還真幫上了他的忙！

❻到心的中心去，打開你的心，擁抱你的陰影，接受你自己。

經過了第五題的洗禮，第六題就不是難事了。幸雄正襟危坐，按照圖特教的方法，把呼吸帶到心口的正中央，接納自己也有傲慢的一面，接納自己的不平等心。原來這是每個人都有的，不是那個婊子，呃，不是那個女人的專利啊！

—— 第二部 ——

療癒受傷的你

如果你能與自己的負面感受安然共處——
例如願意接納自己的無價值感或自己的脆弱無力——
那麼你就會有足夠的內在力量，
可以更有效地去因應外在你不喜歡的人、事、物。

16

面對自己舊時的傷痛
人生問題是舊傷浮現的結果

成年後所遭遇到的種種問題，絕大多數都是源自孩提時代所接收的錯誤價值判斷和信念。

又是小組討論的時間。幸雄看到向東輕快地走進船艙，這次竟然沒有對她升起厭惡或不舒服的感覺。咦，是向東變了嗎？幸雄打量著她，還是一頭短髮，臉上帶著微笑，眼神堅定，看到幸雄在打量她，居然還對幸雄回眸一笑。

「怪了！怪了！」幸雄暗自稱奇，「這女人變性了嗎？」

阿凸看出幸雄的納悶，忍不住調侃他：「不是她變了，是你變了！」幸雄一驚，覺得不可思議。難道自己整合了陰影之後，看別人的眼光就會有所不同？

向東也用同樣驚異的眼光看著幸雄。阿凸又說了：「這就是你們地球上量子物理學所說的：觀察者影響被觀察者啊！」

兩人帶著納悶又新奇的感受坐了下來，圖特老師就出現了。他一臉愉悅地看著兩人說：「恭喜你們，第一階段的課程告一段落了，你們兩個人都進入了第二階段。」

幸雄和向東看了對方一眼，又高興又不知道該說些什麼。

圖特欣慰地說：「現在，我們要進入療癒傷口的階段了。」幸雄一聽，趕緊問：「療癒傷口？像是我事業失敗、老婆要離開我的這種傷痛？」向東聽了，同情地望了幸雄一眼，沒想到這個人還有這樣的悲慘遭遇。

圖特搖頭說道：「我們要療癒的是你的舊傷，你現在面臨的人生問題，是這些舊傷浮現的結果，它們是來幫助你療癒的。」幸雄聽得有點糊塗，不太懂自己的舊傷是什麼意思，它又如何引發了現階段的人生困境。

「你願意面對嗎？」圖特深邃的藍色大眼睛望進幸雄的眼底，幸雄在他深沉的目光下有些迷醉，緩緩地點了點頭，說：「願意。」

「好！」圖特說，「我們到大教室集合吧。」

幸雄和向東隨著大夥兒魚貫地進入教室。幸雄看了一下，發現進入第二階段的人數並不比以前少很多，可見當初選人的時候就很謹慎吧，所以淘汰率並不高，他不禁有點洋洋得意起來。

大家坐定以後，圖特開口了：「各位同學，歡迎正式進入第二階段的意識提升之旅。」幸雄看到每個人臉上都露出興奮期待的表情。「這個階段主要是幫助大家療癒過去的傷痛，而這些傷痛是怎麼來的呢？」圖特要阿凸把一些影片的片段投影到牆上。

● 一個小女孩孤獨地坐在家門口，期待媽媽回家。她已經努力地把家收拾好，打掃得很乾淨，希望媽媽回來能稱讚她。但是天都黑了，媽媽還沒有回來。最後好不容易盼到了媽媽，媽媽拖著疲憊的身體進門，看也不看她一眼，對家中的整潔也視若無睹。那一夜，小女孩傷心地躺在床上，把這一切解釋為「我不夠好，不夠重要！」而傷心地落淚了。

● 一個嬰兒因為肚子餓了在小床上大哭。媽媽站在旁邊，雖然著急，但是想起其他有經驗的媽媽的叮嚀：「孩子吃奶要準時，要訓練他定時定量，不可以餓了就隨便給他吃。」小嬰兒哭到最後聲嘶力竭，做了一個決定：「這個世界是冷酷的，無法供給我的需要，不是一個溫暖安全的地方。」

● 一個小男孩跟鄰居打架，紅著眼回家哭訴。爸爸聽了一句話也不說，還狠狠地賞了他兩巴掌：「男孩子哭什麼哭？有本事跟人家打架，就要打贏。看你那個孬種樣，我不打死你就不錯了。」男孩摸著浮腫的臉頰走回房間，下了一個決心：「我永遠不要再感受到脆弱，我再也不會掉淚！」

●姊姊又當選模範生了。爸爸、媽媽高興得買了個蛋糕爲她慶祝，妹妹冷眼旁觀。媽媽不經意地說：「看看你姊姊，多跟她學學。」小女孩的心在滴血，「我永遠不會比姊姊好，我永遠得不到爸爸媽媽全部的疼愛。」

●一個孩子在外面玩，贏了玩伴所有的紙牌，回家後將紙牌珍藏在一個小盒子中。他掩飾不住得意，告訴了爸爸，沒想到爸爸將他打了一頓，還把他所有的戰利品都丟掉了。於是，他的小小心靈下了一個結論：把心裡的事情告訴別人是不安全的；另外，成功之後的所得很有可能會失去，還會帶來磨難（皮肉之痛）。

這些影片一放完，圖特就語重心長地說：「每個來到地球的孩子，其實都有兩個最基本的需求：重要感和歸屬感。他們需要感受到自己的重要性，並且歸屬於家庭之中。如果這兩個基本需求沒有被滿足，孩子會對周圍的人、事、物，尤其是對自己，產生一些很重要的價值判斷，並建立一些決定性的信念。而這些價值判斷和信念會影響他們的一生。」

他看看在場的所有人，然後嚴肅地說：「你們成年後所遭遇到的種種問題，絕大多數都是源自孩提時代這些錯誤的價值判斷和信念。因為，」他頓了一下，「這些價值判斷和信念，會造成孩子的偏差行為，而偏差行為如果沒有經過適當的疏導，就會伴隨著孩子長大，成為他一生行為的主要模式，也就成了你們的命運。」

17

大家都有孩子難教的困擾

成為有效能的父母

人與人之間，尤其是親密的家人之間，都是靠能量的交互作用在互動的。孩子的能量場比較開放，所以很容易受到大人的影響。

接著圖特請大家看每個人桌上的螢幕。螢幕上以他們自己國家的文字，顯示了以下圖樣[2]：

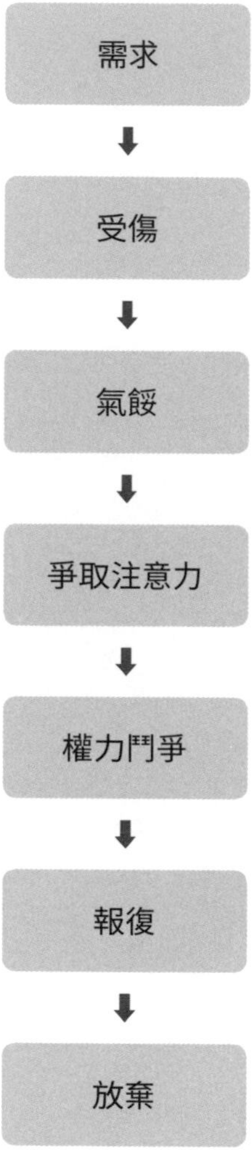

圖特解釋說：「這是一個孩子偏差行為形成的過程。首先，是他的需求沒有得到滿足，然後孩子會很受傷，進而感到氣餒、沮喪。」他兩手一揮，「之後偏差行為就開始了——爭取注意、權力鬥爭、報復、放棄……」他看看大家，然後問道：「是不是這樣？」

曼谷的坤兒舉手說：「我每次出差之前，我的六歲女兒就會生病，這是為了爭取注意嗎？」

圖特笑笑。「孩子是非常聰明的，如果她爭取注意的手段不奏效，接下來她就會開始跟你進行權力鬥爭了，是不是？」

坤兒無奈地說：「是啊，她已經開始叛逆了，跟她說什麼都不聽。」

一個三十多歲的韓國女人舉手。「我是首爾的正熙。我十六歲的兒子好像已經放棄了，拒絕跟我溝通。」正熙顯得很沮喪。

圖特柔聲問道：「他應該也有很多報復的行為吧？」

正熙低著頭，傷心地說：「他功課很差，可能還抽菸，晚上不睡覺，一直打電玩。」

2.克里斯多福．孟（Christopher Moon）在其開設的「父母工作坊」中談到了這個過程，其實這個模式也適用於親密關係，甚至所有功能失調的關係。

圖特轉向大家。「這裡為人父母的請舉手。」結果有五分之四的人舉起手來。他又問：「覺得自己的孩子有偏差行為的請舉手。」結果大家的手幾乎都沒放下來——每個父母都覺得自己的孩子行為有偏差。圖特笑笑說：「呵呵，這是我們特意篩選的。」

向東不禁問道：「圖特老師，現在的孩子真的愈來愈不好教了，顯然在座的父母都有這方面的困擾，我們應該怎樣教養孩子才是最好的呢？」圖特又在微笑，幸雄也會心一笑。向東還是那麼積極，什麼事情都要求做到最好！

圖特看著向東，語重心長地說：「這也是我們當初甄選你們的目的之一。我們希望在這次的實驗結束之後，你們都能成為有效能的父母，不過……」圖特拉長了語調，大家都在焦心地等待。「**想要成為一個有效能的父母，你們自己得先要療癒傷痛才行。**我們無法個別教授你們養兒育女的技巧，但是**當你意識的層次提升之後，你們自然而然會成為一個稱職的父母。**」

幸雄失望地問：「所以，你們不會教我怎麼樣對付我那個調皮搗蛋的兒子？」

圖特搖搖頭說：「我教了你也沒用，如果你沒有足夠的內在力量，所有的技巧在關鍵時刻都使不出來。」圖特轉向大家，「我們看到地球上很多家長都在尋求幫助，希望學到一些技巧，或是找到人來幫助他們的孩子『改變』。殊不知，真正需要改變的是家長自己，而不是孩子。」

孟買的阿南達懷疑地問：「你是說，如果我們自己的意識狀態有所改變，我那個離家出走的兒子就會回來？我女兒的功課就會變好？我看不出這些有什麼直接的關聯！」

圖特回答：「你們地球人一直忽視『能量』這個東西。殊不知，人與人之間，尤其是親密的家人之間，都是靠能量的交互作用在互動的。孩子的能量場比較開放，所以很容易受到大人的影響。」圖特環視全場，提高聲調提醒大家，「別忘了，孩子之所以有偏差行為，是因為需求沒有得到滿足的緣故。所以，責任還是在你們大人身上。」

東京的友子舉手問：「可是，如果完全滿足孩子的需求，不會寵壞他們嗎？」

圖特搖頭笑道：「所謂『寵壞』，也是指孩子有偏差行為吧？**有些父母沒有畫好界線，一味地順應孩子，反而讓孩子沒有歸屬感，找不到自己的位置。一個找不到自己的孩子，當然會有偏差行為。**」

看到每個人都是一臉茫然無助，圖特又開口安慰大家：「不要著急，等到你自己的狀態改變了，你內在的智慧、定靜會自然而然產生，到時候你不用學，就是一個高效能的父母了。」

這時，圖特突然轉向幸雄，定睛看著他，問道：「幸雄，你的問題是什麼？」

幸雄被圖特突如其來的一問嚇傻了，愣愣地反問：「什麼……什麼問題？」

圖特胸有成竹地說：「你的人生問題啊！孩子的偏差行為不但會讓父母憂心，更糟糕的是，他們還會把這些行為帶入他們的成年生活中，造成許多人生問題。」

「偏差行為？我沒有偏差行為啊。」幸雄一副丈二金剛摸不著頭腦的樣子，不服氣地說：「我的情況都不是我自己的錯，嗯，是有一點啦，但是至少我的生意失敗、股票失利不是我的錯吧？」幸雄想到自己婚姻的失敗，多少是自己行為造成的，但說到事業的失敗，他覺得自己就是個無辜的受害者。

圖特搖頭。「你們地球人的人生，其實都是自己創造出來的。我知道你現在無法接受，但是，隨著——」

「隨著你們意識層次的提升，你們會理解的。」幸雄忍不住學著圖特的口吻接了下去，唯妙唯肖，大家聽了都笑了起來。

18

誰會因你的失敗而受到打擊？

探索潛意識動力

人的確有潛意識的陰謀在作祟。如果不能覺醒，我們就是被潛意識中的模式主宰，這就是所謂的命運。

圖特也被逗笑了，他搖搖頭說：「真是好學生，什麼沒學，這倒學得挺像的。」接著，他正色地說：「你們人類一生其實有兩次出生的機會，第一次是肉體的誕生，第二次是覺知的發展培養，然後逐漸地甦醒，這在第一階段我們已經說過了。

「覺醒的過程，是一個有意識的努力過程，需要付出時間和精力。如果不能覺醒，你就是被潛意識中那些隱藏的動力（模式）所主宰，那就是你們地球人說的：命運。」

他做了一個手勢，大家桌面上又出現一些文字。圖特嘴沒停，繼續說教：「所以，要不要被命運操控，其實掌握在你們自己手中。你們看看這個『個人責任承擔表』的八個層次。[3]」

①這個問題是××造成的，我只是個無辜的受害者。

②都是因為××，事情才會變這樣，但我必須為這個問題善後。

③這個問題的產生我也有責任，但我就是這樣，我也沒辦法。

④生命中這種事情很常見，我就是需要忍耐，睜一隻眼、閉一隻眼地混過去。

⑤這個問題真讓人難受，老天啊，幫助我面對它吧。

⑥這個問題不是誰的錯，而我的內在有力量，能夠用有助於自己成長的方式來面對它。

⑦這是我的潛意識吸引來（或選擇來）的問題，我其實可以為自己選擇更好的東西。

⑧我創造了這個問題，我可以賦予它任何意義。現在，我選擇將它轉化，並從中獲取我的力量。

圖特這時把幸雄叫到臺上，讓他坐在自己身邊，面對全班同學。幸雄一上臺，手腳都不知道怎麼擺了，很緊張。圖特微笑地看著他說：「好，臺北的幸雄，你告訴我們，你的層次是哪一個啊？」

幸雄搔搔腦袋。「嗯，沒遇見你們以前，應該是在第一、第二、第三來回晃盪吧。」他尷尬地笑笑，「在第一階段課程的時候，嗯，應該逐漸進入了第四、第五個層次。」

圖特滿意地點點頭。「好，我們第二階段的課程會讓你進入第六、第七層次，然後第三階段就會到達第八個層次了。」

看到臺下學生躍躍欲試的樣子，圖特決定不再浪費時間，單刀直入地問：「你的人生問題是什麼？」

幸雄坐立不安，好像屁股底下有塊燒紅的木炭。「不就是，嗯，我老婆要跟我離婚，還要帶走孩子。還有……我的事業一敗塗地，為人作保被牽累，股票失利……總而言之，我就是個一事無成的失敗者。」幸雄說著自己都不好意思起來。

「嗯，」圖特諒解地點點頭，「作為這樣一個失敗者，你可以報復誰？」

「什麼？」幸雄不可置信，「報復？我幹麼要報復？報復對我有什麼好處？」說著說著，幸雄的嘴角竟然有些抽搐，不自覺地流露出一個詭異的微笑[4]。

3.克里斯多福・孟開設的「生命教練」培訓課程中提出了這些觀點，我稍做刪減、修改。
4.克里斯多福・孟說，這是一個指標性的跡象，表示當事人的確有潛意識的陰謀在作祟。

圖特了解地笑笑。他耐心地讓幸雄消化一下，然後不經意地問：「誰會因為你的失敗而受到打擊？」

「當然是我自己啦！」幸雄不假思索地說。

「嗯！」圖特不置可否。

幸雄無趣地繼續思索圖特的問題，突然間，他看到父親的臉孔竟然浮現眼前。「我爸爸？這怎麼可能？我幹麼要報復他？他那種剛愎自用的暴君，我跟他沒有什麼好說的。何況……何況他在我十八歲那一年就過世了！」幸雄在嘟嘟囔囔時，心思已暴露。

圖特簡單地提醒他：「回想一下你對你父親的偏差行為。」

幸雄想起自己從小就一直在挑戰父親的權威，也因此遭到不少毒打，這算是吸引注意的方法嗎？圖特這時點頭確認，「是的，幸雄，你小時候很多頑皮的行為，是為了引起冷漠的父親注意，同時，也是為了分擔一些你母親的傷痛。」

這時幸雄突然發現，他腦海中閃過的畫面，竟然一一出現在課堂的大白牆上。

圖特出聲安撫他：「這是你潛意識裡的東西，如果它不願意，我們是不會看見的。既然它願意讓你揭露，何不勇敢地面對它？」

幸雄看到兒時常見的畫面：父親酒醉回來，全家大小避之唯恐不及。爸爸這時

CROWN 皇冠
835期
2023/9
謊言真相故事集
謊言金句極短篇｜小說與犯罪
繪本與記憶｜騙子心理學｜真實人生騙局
A.Z.｜Misa｜冬陽｜艾兒莎｜寺尾哲也｜何玟珒
林昱萱｜郝妮爾｜劉梓潔｜貓眼娜娜 |依姓名筆畫排列|
從一句謊言故事，到文本探討、心理解析以及生活中無所不在的謊，
揭曉最細思極恐的人性！
療心會所
陳莉婷 擁抱真實的自己，建立自我價值感的關鍵
在這個比較的社會裡，若時常將自己的價值與他人相提並論，只會讓我們感到自卑……
都市傳說
谷淑娟 耳鳴
這是人類必經的過程，就跟疫情一樣，總有一天會全民感染，群體免疫……
本期內容，純屬虛構！

往往和媽媽發生口角，抽出皮帶，沒頭沒腦地就往媽媽身上揮。妹妹只會躲在床下發抖，只有幸雄會出聲求爸爸不要再打媽媽了。但是，雨點般掃落的皮帶只會更加密集地抽打，最後是媽媽和幸雄抱在一起痛哭的畫面。

看到自己幼小的身軀，和母親在狂風掃落葉的皮鞭之下緊緊相擁的畫面，幸雄忍不住失聲痛哭。偌大的身軀，此刻在地上蜷縮成小小的一團：「原來……原來我小時候的頑皮搗蛋，是為了讓爸爸多打我一點，少打媽媽一點……」幸雄喃喃自語。

「是的，」圖特認可，「**很多孩子調皮搗蛋或生重病，都是為了拯救父母不快樂的狀態，或是岌岌可危的婚姻。他們以為，自己的犧牲可以拯救他最愛的兩個人……**」

班上有的同學已經開始啜泣，而此刻幸雄的眼淚更是有如堤防崩潰，洶湧而出。他想到青少年時期，他的個子愈長愈大，長得比父親還高，於是權力鬥爭就開始白熱化了。幸雄也用逃家、蹺課、抽菸、打架等方式來報復父親。而母親呢？幸雄這麼做不會傷害母親的心嗎？

圖特這時問道：「你原諒你的母親了嗎？」

幸雄不解。「我為什麼要原諒母親？她是受害者啊！」

圖特搖搖頭，沉聲說道：「你心裡對她的脆弱、無能，有很多批判，你沒有感覺到嗎？」

幸雄好像被閃電打到，想起自己這些年來最痛恨看到人的脆弱面，也不許自己軟弱，所以表面上總是裝得滿不在乎，無比堅強。難道……難道這是因為從小痛恨母親的弱勢？

「不能保護自己和子女的女人，有什麼價值？」幸雄突然冒出這句話，自己都嚇了一大跳！原來這些年來，他對母親有這些不滿，自己卻毫無所知。幸雄想起十八歲那一年，他被叫回家，看到家中父親簡陋的靈堂，那一刻，他從一個浪跡街頭的混混，搖身一變成為孝子，開始努力賺錢，奉養母親。

19

我想拯救你

受害者牢籠

每個人一生中都或多或少地在這個牢籠之中扮演了一定的角色，大部分時間，你們都是先扮演受害者，而整齣戲就是從這裡展開的。

圖特這個時候又顯示一個畫面給大家看。

幸雄從迷濛的淚眼中，看到圖特為他投射在牆上的一個倒三角形圖案[5]。

「這是受害者牢籠，」圖特簡明扼要地說，「下面這個角，代表的是受害者。」他看看幸雄，「左上角是拯

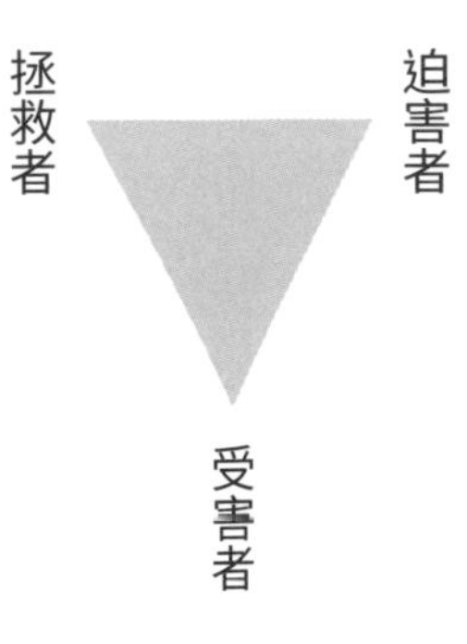

5.克里斯多福·孟開設的課程中，常常用到這個模型，最初源自史蒂芬·卡普曼（Stephen Karpman）的戲劇三角形模型。

救者的角色，右上角是迫害者。你們每個人一生中，都或多或少地在這個牢籠之中扮演了一定的角色。大部分時間，你們都是先扮演受害者，而整齣戲就是從這裡展開的。」

「大部分的人都只覺察到自己的受害者意識，忽略了另外兩個角色也在生活中為你們帶來困擾。」圖特拿手在三角形上比了比，「人類的意識常常會在這個牢籠裡面跑來跑去，比方說，」圖特看著幸雄，「你內心覺得自己是父母不當教育下的受害者，你沒有得到自己應得的關愛。而為了平衡這種心態，內在就會有一個聲音告訴自己要更加努力、勝過別人。於是你就以辛勤工作、表現優異來作為報償。」圖特指了指拯救者的位置。

「但是，內心裡還有一個聲音告訴你，你永遠都不夠好，永遠都沒有辦法獲得父母真正的愛，因為——你不夠好！」圖特又指向迫害者的位置。

他一口氣說完，又補充了幾句：「這是你們地球人很常見的意識活動模式，把自己陷在這個牢籠裡面動彈不得。」

「而你……」圖特又突然轉向幸雄，「你心裡把你的母親看成受害者，覺得她是你父親暴力陰影下的無助犧牲者，於是你想去拯救她。但是，一個孩子的力量能有多大？所以你的拯救一點也不成功。於是，你在內心深處認定了自己是個失敗的人，有很深的挫敗感。在無法承擔這麼多的愧疚和挫折感之後，你又成了迫害者——瞧不起你母親的脆弱無能。」

幸雄這時又進入半催眠狀態，開始喃喃自語：「可是我很孝順啊，我賺很多錢給我媽……」

「是啊，但是你早年拯救她不成，在你後來的人生中造成了什麼後果？」圖特讓幸雄消化一下，又接著分析，「你內心累積了很多愧疚，讓你在生活中不自覺地扮演拯救者的角色。」

「是嗎？」幸雄納悶。

圖特提醒他：「你的婚是怎麼結的？」

幸雄突然想起，他和曉菲雖然從大學就認識，但是他遲遲不想結婚。後來那一年，曉菲的父親過世了，看到曉菲傷心欲絕的樣子，幸雄忍不住向她承諾要照顧她一輩子，於是兩個人就在幸雄不是誠心想安定下來的狀態下結婚了。

幸雄回頭一看，一幕幕的往事在牆上放映著，無所遁形。結婚一段時間後，幸雄才發現，無論他多麼努力，曉菲都不快樂，兩個人就在受害者牢籠裡走來走去，各扮各的角色，最終漸行漸遠，幸雄最後還是落得一個「失敗者」的感受！

圖特又問：「你為什麼要為人作保？」

幸雄又無言以對了。是的，他從小就是個拯救者，路見不平，拔刀相助。只要朋友開口求助，幸雄很少能夠拒絕。說得好聽是「義氣」，但其實是這種「拯救者」情懷在作祟。

接著牆上的畫面竟然開始播放他和小蜜認識的經過。在酒廊裡認識了這個北京姑娘，本來只是一夜風流，沒想到這個姑娘很有手腕，看出幸雄不忍拒絕別人的豪氣，認識沒多久就跟幸雄吐露自己坎坷的身世，說著說著還哭得像枝帶春雨的梨花。幸雄不忍，兩個人便開始認真交往，後面的故事大家都知道了。

圖特這時候說：「當你扮演別人的拯救者時，一定也扮演了迫害者的角色。所以，被你拯救的人最後都會怨聲載道，讓你的人際關係沒有好下場。」

幸雄呆了半晌，覺得圖特說得太準了，但他隨即又恢復直率的本色問：「那怎麼辦呢？我看到自己在受害者牢籠之中打轉，該怎麼走出來呢？」

「好問題！」圖特讚道，臺下的同學也都露出期盼的表情。「**受害者牢籠的出口在哪裡呢？**」他故弄玄虛地看著大家，然後手指向三角形的底部，「**受害者！因為這是受害者牢籠的起因，因此也必須在這裡終結。**」

圖特認真地說：「想要從受害者的角色中掙脫是沒有用的，因為這樣的嘗試只會把你帶到迫害者和拯救者的位置。」停了一下，圖特宣布，「所以，**想要脫離這個牢**

籠，你必須面對受害者的痛苦；只有化解整合了這個痛苦，你才能從牢籠中掙脫。」

向東突然說：「這不是很矛盾嗎？我們就是因為不想面對受害者的痛苦，才會創造出迫害者和拯救者的，現在反而要把面對這個痛苦，作為逃離的手段？」

圖特用讚許的眼光看著一下就抓到重點的向東：「是的，因為把你關到這個監牢裡面的，通常是你對外在人、事、物的抗拒，你因抗拒而產生負面情緒，讓自己淪為受害者。」

接著，圖特看著幸雄說道：「就像幸雄的例子，他覺得父母沒有以他想要的方式對待他，是因為自己不夠好，所以他就成為受害者了。為了逃避自己的無價值感，他會藉由拯救者和迫害者的角色來幫助自己不去面對受害的痛苦。」

圖特又轉過頭來對向東說：「所以，**如果你能與自己的負面感受安然共處——例如願意接納自己的無價值感或自己的脆弱無力——那麼你就會有足夠的內在力量，可以更有效地去因應外在你不喜歡的人、事、物，而不會被困在受害者牢籠之中了。**」

最後，圖特語重心長地說：「這是關鍵所在，我們等一下會處理這個重要的問題。現在，讓我們先看看受害者很容易採用的一種損人不利己的手段——報復。」

20

從報復心理解脫

轉念作業

跟真相較勁，輸的永遠是你。

幸雄不解地問：「你口口聲聲說我在報復父母，可是自從我父親過世以後，我可是個非常孝順的兒子啊！」

圖特答道：「是的，那是你的表意識告訴你，要做一個孝順的兒子來彌補你的愧疚。不過，表意識是敵不過潛意識裡的動力的，那個動力就是——報復！」他繼續說，「你收斂起你的光芒，隱藏你的天賦，招來一連串的失敗打擊，好做一個一事無成、平庸的人，這就是你對父母最大的報復。保有這種報復心理，可以讓你繼續批判他們的錯誤，責怪他們。」

「可是……可是，」幸雄不解，「這對我有什麼好處呢？」

「問問你自己啊！」圖特不直接回答，「你想想，不原諒你父母，對你的人生有

什麼好處？」

幸雄此時頭腦一片空白，直覺地回答：「我可以不必為我的人生負責，因為我的父母太糟糕了。他們不讓我好過，我也要他們不好過。我的失敗不是我的錯，誰要我的父母是那個德性呢！」

圖特說：「很好很好，繼續下去。」

「我要讓他們看看，我是他們不負責任行為下的受害者，是活生生的例證，證明他們的失敗！」

幸雄講到這裡，突然回過神來說：「可是，真正受害的是我自己啊！」

圖特提醒他：「報復是你潛意識的動力，在還沒被你意識、覺察到之前，這個動力是無比龐大，而且毫無理性。但是，一旦你把它帶到表意識上，整合它之後，它的力量就消融了，不會再像以前那樣盲目地牽制著你。」

幸雄立刻問：「那要如何整合它呢？」

圖特回答：「你要寬恕你的父母，同時也要寬恕自己。」

幸雄打破砂鍋問到底：「那要怎麼寬恕他們呢？我父親已經過世了，我母親雖然還在，但我總不能現在就冒冒失失地跑回家，告訴她：『我原諒你了。』」

幸雄情緒的起伏帶動全班的情緒，他唱作俱佳的表現，讓有些人又開始吃吃地笑。

圖特又好氣又好笑地看著幸雄說：「我要先把你多年的一些錯誤信念揭露出來，才能開始療癒。」

圖特拿了一張紙給幸雄，並示意阿凸們也發給在場的每個同學一張紙。

接著，圖特指示大家按照紙上的格式完成句子。

「同學們，大家都來寫，寫出你心中的不滿，寫出你的憤怒。管他什麼寬恕、原諒的，儘管罵吧！把你的積怨、不滿、痛苦都表達在這張紙上，盡情地批判指責！」

幸雄看著紙，不假思索，三分鐘就完成了這項作業[6]。

①我對父親感到憤怒，因為他沒有盡到一個父親該盡的責任。

②我要我父親負起做爸爸的責任，讓孩子有個幸福的家。

③我父親是一個頑固、不負責任、剛愎自用的人。

其他同學花了十分鐘左右才做完。圖特看大家寫得差不多了，就要幸雄把自己寫

6.這三個題目來自拜倫・凱蒂（Byron Katie）「一念之轉」工作坊，英文網站：http://www.thework.com，繁體中文網站：http://soul.tw/work，簡體中文網站：http://blog.sina.com.cn/wonderofyourlife

的第一句唸出來。

「我對父親感到憤怒，因為他沒有盡到一個父親該盡的責任。」幸雄照本宣科。

「這是真的嗎？」圖特問。

幸雄不解。「當然是真的啦，我父親真的很糟糕。」

圖特問：「你百分之一百相信，你父親沒有盡到一個父親該盡的責任，是嗎？」

幸雄想起來，父親的暴躁，很多原因是來自工作的不順利。他的上司很難相處，工作時間長、責任又重，他沒有離開那份工作完全是為了撫養家庭。所以，真的不能說他是百分之百的不負責任。

幸雄遲疑了。「嗯，不完全是真的啦，但他的確在很多地方沒做好一個父親該做的。」

圖特又問：「『父親應該盡到責任』這句話是真的嗎？」

幸雄說：「當然是真的，做父親的本來就有責任要做好一個父親。」

「好！」圖特說，「事實是什麼？世界上的父親都盡到他們該盡的責任了嗎？」

幸雄遲疑地說：「沒有。」

圖特說道：「**我們只看事實，不看應該。我們要熱愛事實，接受真相，**而真相就是：天底下不是每一個父親都會盡到做父親的責任的。對不對？」

幸雄不甘願地點頭。

圖特又說：「你跟真相較勁，輸的永遠是你。這就像拿頭去撞牆壁，希望牆壁能夠移動一樣，不是嗎？」

幸雄抱著頭，無言以對。他從來沒想過自己是在和一個不可能改變的事實對抗。圖特老師說得對，**有些父母就是不盡責任，難道我們就要為此一輩子帶著怨懟活下去嗎？父親是錯了，但幸雄卻抱著他的錯誤遺憾終生——這真是一個非常不理性的決定。**

圖特繼續。「你現在想想父親的樣子，當你有『父親應該盡到責任，結果他沒有』這個想法的時候，在你眼中的他是什麼樣子？」

牆上出現一個正在咆哮的男人，摔東西、發脾氣，然後重重地帶上門離家而去。

幸雄說：「我眼中的他是一個暴躁、不安於室的人。」

圖特又問：「如果，今天我把你這個想法——我的父親沒有盡到責任——從你的腦袋中移除，你失去這個想法了，你不再這樣想了，那麼你心目中的父親是怎樣的人？」

牆上出現一個剛領了年終獎金的男人，帶著大包小包的禮物回家。幸雄拿到一支衝鋒槍，妹妹拿到一個洋娃娃，而媽媽開心地在一旁笑著，手上拿著爸爸送的水晶花瓶——上次吵架摔破的。爸爸不知道說了什麼好笑的事，媽媽臉上的笑容像花一樣綻放。

「嗯，」幸雄陷入美好的回憶中，「他是一個願意付出、有人情味，而且有時很有幽默感的男人。」

「好的。」圖特一拍手，把幸雄從沉思的狀況中喚醒，「當你有這個想法的時候，你父親是個糟糕的人；而當你沒有這個想法的時候，你心目中的父親就變了一個人。」圖特停頓一下，「你看看，你的父親沒有改變，但是你的想法變了，你的感受也改變了。那麼究竟是你的想法，還是你的父親，為你帶來了痛苦？」

幸雄愣愣地說：「我的想法？」

「是的，是你的想法。」圖特點頭。「我現在問你，你有沒有看到可以讓你放下這個想法的理由？我不是叫你要放下它，我只是問你，有沒有讓你放下這個想法的理由？」

幸雄緩緩地點了頭。

21

猛力往自己的內在深掘

面對受害者的痛苦

為什麼我們的腦筋總是走一條相同的路線？即使這條路讓我們痛苦，我們也要堅持這條路是對的，從來沒有考慮過從另外一個角度走的可能性。

「好！注意，要下猛藥了哦！」圖特警告，「把這個句子的意思反轉過來再唸一次。」圖特提示，「我沒有對我父親感到憤怒，因為我父親其實——」

「其實盡到了父親該盡的責任。」幸雄接口。

圖特提醒：「想想看這句話有沒有一點真實性？」

幸雄還在沉吟，圖特又說了：「你責怪你的父親沒有盡到責任，他其實也可以責怪他的父親沒有盡到責任，沒有立下一個做好父親的榜樣讓他學習。在他那樣的教育背景下，他能做的就是那麼多而已。你有沒有想過，他在能力範圍內，已經做到最好了？」

幸雄心口像是被人打了一拳，他從來沒有從這個角度考慮過。是啊，他的父親其實從小就是個寄人籬下的遺腹子，根本沒見過自己的親生父親。沒有一個好榜樣，叫他如何學習？當時生活條件艱困，父親自己也不過是個二十多歲的小夥子，就成家生子了，那麼重的責任擔在肩上，任誰也無法做好。幸雄把臉埋在自己手裡，忍不住又啜泣起來。

圖特等幸雄情緒平復了一點，又乘勝追擊。「所以，『你的父親其實盡了做父親的責任』這句話的真實性，是否跟原來那句話的真實性不相上下，甚至更真實一點？」

幸雄點頭同意。圖特就說：「是的，你看，你們人類就是這樣，堅持一種想法不放，即使這個想法為自己帶來無窮的痛苦，卻還認為自己的想法是千真萬確的，不肯改變。如果採用第二種想法，你的人生可能會完全不一樣吧？」

幸雄若有所悟。「是啊，為什麼我們的腦筋總是走一條相同的路線？即使這條路讓我們痛苦，我們也要堅持這條路是對的，從來沒有考慮過從另外一個角度走的可能性。這真是非常不理性啊！」

圖特眨眨眼。「是啊，人類其實不是理性的動物，你們是慣性和感覺導向的，尤其是在沒有被喚醒以前。」

圖特還不放過幸雄，又說：「再把第一句話唸一次，但是這次把你改成你父親，你父親改成你。」

這是什麼意思啊？幸雄納悶，不過還是照做了。「我父親對我感到憤怒，因為我沒有盡到一個父親該盡的責任。」一唸完，幸雄就流了一身冷汗。是啊！幸雄自己也沒盡到做父親的責任，大部分時間都在大陸的工廠，留下兒子跟著母親在臺北。更糟糕的是，自己有了外遇，讓孩子沒能擁有健全的家庭——他將在單親家庭中長大。幸雄此刻羞愧得頭都不敢抬起來。父親在天之靈是否會震怒？幸雄不敢想了。

圖特不準備多說了，叫幸雄唸第二句。

「我要我父親負起做爸爸的責任，讓孩子有個幸福的家。」幸雄愈唸聲音愈小，再也不那麼理直氣壯了。

「把你父親改成你，再唸一次。」圖特不放過他。

「我要我負起做爸爸的責任，讓孩子有個幸福的家。」幸雄頭低低的，有點無地自容了。

圖特又問了一句：「有沒有人說你是一個頑固、不負責任、剛愎自用的人？」

幸雄被逼到了角落，無處可退，反而有了幽默感：「你可以去問問我老婆曉菲，她會給你滿意的答案。」大家笑了起來，緩和了課堂中嚴肅沉重的氣氛。

幸雄突然靈光一現地想到，這不也是一種心理投射的顯現嗎？他把對自己的譴責，投射在父親身上。或許也是因為自己始終沒有原諒父親，反而不自覺地重蹈他的覆轍？

圖特帶著嘉許的眼光看著他說：「你其實已經看到了，**我們對別人的指責，都可以在自己身上找到**。這就是為什麼我們前面提到，**寬恕是最重要的特質，因為原諒別人，就等於原諒自己。**」

接著，圖特拍拍幸雄的肩膀問：「準備好了嗎？」

幸雄納悶：「準備好什麼了？」

「面對受害者的痛苦，整合你潛意識裡的錯誤信念。」圖特緩緩地說，「因為，雖然你現在表意識上面已經了解父母的苦衷，也能夠原諒他們了，但是在潛意識及能量層面上，你還沒來得及做出相應的改變。要把今天的覺悟和洞見深入你的潛意識中，並且在能量層面進行整合，我們還需要進行一些步驟。」

幸雄兩手一攤，一副「來吧！老子準備好了」的表情。

圖特指著全班同學問他：「在這些同學當中，哪一個有著你父親身上你最不喜歡的特質？」幸雄眼光掃過向東，心想，如果你是男的我一定選你。最後，他選擇澳洲人麥克，因為麥克一看就是剛愎自用、脾氣暴躁的人。

圖特點頭，接著又問：「那麼，誰代表你母親身上你最不喜歡的特質？就是軟弱無能、無法保護自己的？」

幸雄看了看，沒多想就選了曼谷的坤兒。

「再選一個最能讓你想到你父親的真正面目，能讓你感覺到父愛的人。」圖特又指示。幸雄選了香港的克里斯，他的身形最像幸雄的父親，帶著沉穩濃厚的父愛能量。

而母親的人選，幸雄則選了東京的友子，她也是身形最像幸雄的媽媽，而且身上散發著溫柔的母性氣質。

圖特讓這五個人按照一定的方式站好：

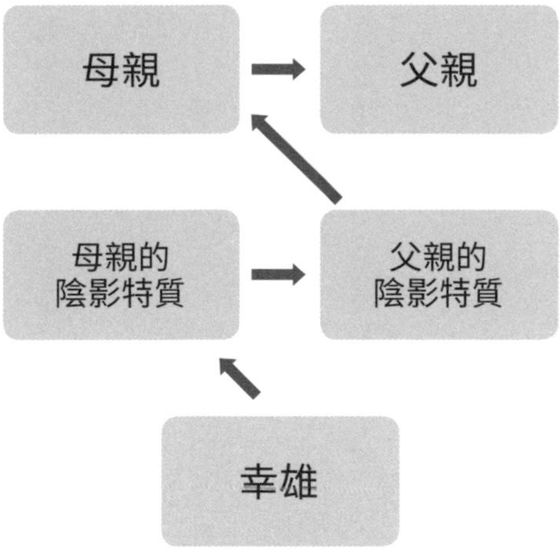

22

痛到不能呼吸
走出受害者牢籠的唯一途徑

面對你的脆弱。脆弱會讓你有種種不舒服的感覺，所以你會想逃，但這是從受害者牢籠走出來的唯一途徑。

這時，教室內響起了優美的音樂，圖特要幸雄隨著他的引導慢慢地做。首先，他要幸雄把受害者的情緒和感覺帶出來，感受那份從小追隨他到大的傷痛。牆上閃過一幕幕畫面：

- 幼小的幸雄一個人孤寂地看著窗外，期盼爸爸回家陪他玩。天黑了，夜深了，爸爸才醉醺醺地回家，帶回來的只是失望。
- 幸雄的小學畢業典禮，爸爸媽媽都沒有出席。看著別人一家團圓的歡慶，幸雄默默地站在禮堂角落，希望自己消失。

●十多歲的幸雄已經有一百八十公分高了，跟爸爸吵架，爸爸甩了他一巴掌，比爸爸高壯的幸雄幾乎要動手報復，但是手舉到一半，還是放了下來，只是惡狠狠地瞪著爸爸，最後奪門而出。那天晚上幸雄沒有回家，但那也是爸爸最後一次動手打他。

●離家出走的幸雄被人找回家時，才知道爸爸車禍身亡的消息。好面子的他沒有流一滴眼淚，只是一個星期都沒有開口說話。

這時，眼淚又不聽話地在幸雄臉上奔流，這個大男人壓抑了多年的情緒，終於忍不住狂洩出來。他跪在地上哭號著：「不是我的錯！不是我的錯！爸爸！爸爸！原諒我！」

圖特沉穩的聲音從很遙遠的地方傳來：「**面對你的脆弱，這是從受害者牢籠走出來的唯一途徑。**」

「很痛！很痛！」幸雄捧著自己的胸口，幾乎不能呼吸。

「勇敢地面對你的脆弱，」圖特鼓勵他，「脆弱會讓你有受傷、痛苦、恐懼、愧疚等不舒服的感覺，所以你會想要逃避它。但記住，這是你唯一的出路。」

幸雄痛苦地跪在地上，身體扭曲成一團，幾個同學七手八腳地在支持著他。

圖特也跪了下來，在幸雄身邊耳語：「深呼吸，深呼吸，幸雄，把呼吸帶到你痛苦的地方。」在圖特的指引下，幸雄的呼吸比較平順了，也慢慢沉穩下來，但臉上的表情還是痛苦不堪。

圖特又指示他：「呼求光，呼求愛。想像有一道光從你的頭頂進來，隨著你的呼吸進來，進入你脆弱痛苦的核心所在，讓這個高振動頻率的能量來整合你低頻率的能量。」

這時候，周圍的同學都把手放在幸雄身上，給他能量的支持。

過了好一會兒，幸雄逐漸回復正常，睜開迷濛的雙眼，看著圖特。

圖特點點頭說：「很好。你整合了自己內在的脆弱和痛苦，**下次再有這種痛不欲生的感受時，不要逃避它，勇敢地和它面對面，呼求愛和光來幫助你。**」

圖特耐心等待幸雄的情緒進一步平復以後，溫柔地問他：「你準備好要進行下一步的整合了嗎？」

看到圖特眼裡的鼓勵和溫情，幸雄緩緩地點頭。

「好，現在我要你站到母親的陰影特質前面，感受到自己內在和她一樣脆弱無助，然後擁抱她，接納這個特質。」圖特指示著。

幸雄站到矮小的坤兒面前，深深地看進坤兒濕潤的眼睛裡。他看到了軟弱、無助、恐懼、悲傷等，這些都是他平常最不喜歡看到和感受到的特質。

但這次，幸雄勇敢地在自己的內心找出那個相應的部分。是的，幸雄絕對有脆弱、柔軟、無助的一面，只是被他隱藏得很好。幸雄感受到了自己的脆弱，而由於剛才的經歷，他已經有能力去接納自己的軟弱了。

看著柔弱的坤兒，幸雄突然升起了一股勇氣，那是超越軟弱、接納軟弱之後，才能擁有的勇氣。他緊緊地把坤兒抱在懷裡，深深地接納她的脆弱和無助，然後以自己內在升起的無比勇氣和愛心回報給她。

幸雄感受到坤兒原來緊繃著的身體，慢慢柔軟下來，變成像一個嬰兒一樣，任由幸雄擁抱著她。兩個人的能量已經融合在一起，穿越了恐懼的幻相，而到達喜悅輕盈的彼岸。

幸雄帶著坤兒走向麥克。他直視麥克的眼睛，看到了桀驁不馴的傲氣、頑固不化的執著，以及缺乏自信的防衛。幸雄誠實地在自己的內心裡搜尋，「是的，我也有，這些我都有。這就是為什麼我這麼不喜歡這類人的原因。」

看著麥克，幸雄心裡逐漸升起了慈悲心——一份給予自己，然後也能給予他人的慈悲。他張開雙手擁抱了麥克。起初，他感受到麥克的防衛、緊繃，但幸雄還是不斷地把那份升起的慈悲給自己，也傳送給麥克。

隨著能量的傳遞，麥克的身體漸漸放鬆，戒備也逐漸鬆弛。在幸雄源源不斷的慈悲能量供應下，麥克也穿越了自己的重重防衛，而感受到自己心裡的那份慈悲，並回報給幸雄。

兩個男人，加上坤兒，一起體會這個神奇的時刻，心裡充滿感激。

過了一會兒，圖特說：「好！你已經整合了陰和陽的兩個負面特質，現在是與你父母重新連結的時刻了。」圖特指引幸雄走向代表他母親的友子。

幸雄在坤兒和麥克的陪伴下走向友子，感覺他是一股完整、蓬勃的能量，正在接近另外一股溫柔而有吸力的能量場。

「媽媽，」幸雄輕輕呼喚，「媽媽！」幸雄緊緊地抱住友子。「我愛你。我不需要拯救你，也不用再迫害你，我就是愛你本來的樣子，我就是愛你。」

幸雄感覺到友子的身體在顫抖，在消化吸收一下子湧進來的這麼多愛的能量。過了一會兒，幸雄感覺友子身上也開始迴盪著一股愛的能量，和他的能量交互起舞，帶來了歡悅的喜慶。

幸雄的臉上泛出極度喜悅的光芒，他帶著友子、坤兒及麥克，一同走向克里斯。幸雄看著克里斯豪邁、敦厚、穩重的男子氣概，不由得產生孺慕之情。「爸爸，」幸雄呼喚著，「爸爸！」他終於說出這一輩子沒有機會對爸爸說的話：「我愛你！」

在克里斯大手的包圍下，幸雄感到無比溫暖。厚實沉重的男性能量，配上輕柔包容的女性能量，在幸雄的身體裡產生了無比歡愉的感受。此刻幸雄再也沒有匱乏、自憐、防衛、恐懼的感受了，取而代之的，是一股嶄新的喜悅——是他從來沒有經歷過的。

23

放下防衛層 接觸核心真我

當你願意面對自己的脆弱，接納、擁抱它的時候，你就會穿越它，繼而進入核心真我，找到喜悅、安詳、自在的感受。

音樂到此結束。

擁抱成一團的人，逐漸鬆開彼此，回到自己的座位上。看著幸雄悲喜交集的臉，圖特說：「恭喜你！」幸雄真誠地說：「謝謝你，圖特老師。」

圖特拍拍幸雄肩膀，示意他回座，然後面向大家說：「你們看到了嗎？無論是拯救者或迫害者，你想要拯救或怪罪對方的那個部分，都是你自己擁有但不願意去看見的——而且是你身為受害者才會感受到的。所以，」他停頓了一下，「從受害者的脆弱情結出發，去接納，去整合，才是跳脫受害者牢籠的唯一出路。」

接下來，他又示意阿凸在每個人的桌上展示一張圖片。

大家首先看到的是一個三層的同心圓，圓圈的正中央寫著：

圖特解釋：「這是每一個地球人出生時帶來的真正面目。然而，由於小時候大部分人的許多需求都沒有被滿足，於是，有很多受傷的感受和情緒會附著在核心真我外面。

「但是，因為這一層太脆弱、太痛了，讓你不想再去接觸它，所以你的心靈就會發展出第三層的外殼，作為保護。

「這一層就是我們的社會面具，也就是你想要別人怎麼看你。」圖特指指最外面那一圈，「為了讓大家看到你想要他們看到的你，你很辛苦地去操縱別人，用各種行為和成就來假扮自己，並且在這個防衛層上準備了各種防衛武器，以備不時之需。」

圖特看看大家，提出了他的問題：「大家都知道這層鱷魚皮的好處——就是保護你不想讓別人看到的你。那它的壞處是什麼呢？」

還是向東最快回答：「你活得很累、很辛苦、很不真實。」

正熙也舉手。「你和別人的互動、往來都會在這一個層面，動不動就會亮出防衛自己的刀槍，因而引起一些人際關係的衝突。」

「很好！很好！」圖特讚賞兩名女弟子，「人際關係之間的衝突，絕大多數是因為雙方都停留在防衛層與對方溝通。如果願意從脆弱面去溝通的話，你們地球就不是今天這個局面了。」

「所以，」圖特宣布，「**想要療傷止痛、接觸到核心真我，就要願意放下防衛，進入自己的脆弱層**，就像今天幸雄進行的過程一樣。」圖特看看幸雄，「**當你願意面對自己的脆弱，接納、擁抱它的時候，你就會穿越它，繼而進入核心真我，找到喜悅、安詳、自在的感受。**」

「圖特老師，」坤兒舉手，「我們的防衛層那麼強壯，如何能放下它呢？」

「很好的問題。」圖特點頭，「首先，你可以從自己的想法著手。我們今天幫幸雄做的『轉念』作業，就是一個起點。我們在第一階段的時候，不是有教大家如何去觀照自己的念頭嗎？」大家點頭。「光是觀看自己的念頭，其實就已經對生活有很大的幫助了。而今天這個轉念方法，就是要去檢驗你的想法是否為真。」

麥克提問：「圖特老師，今天我們也看見了，其實一件事情可以用很多不同的觀點來看待，而且它們的真實性都是不相上下的。但是為什麼我們很多人都始終執著一個觀點，緊抓不放，然後讓自己受苦呢？」

圖特顯然對學生們的進展感到非常滿意，一張臉都笑開了：「是的，是的，這就是我說的信念和傷痛造成的影響。因此，這個轉念作業雖然可以幫助你看見自己有點偏執的信念，願意放下它，但是由於情緒會從中作梗，所以，你還要進行情緒的療癒。」

圖特又叫阿凸投射了一張資料給大家看。他嘴也沒停地解釋：「所以，每當你產生痛苦的情緒時，你必須全然地面對它、經歷它、表達它，然後進行情緒療癒。這個方法可以幫助你面對自己脆弱的情緒，然後整合它。」圖特宣布，「這就是今天回家後要做的功課。」

24

你竟敢瞧不起我？
情緒療癒的方法

接受自己的不舒服與外在刺激無關這個事實，並試著看見：這是你內在一個多年的舊傷被觸動了。

又是一個北京的清晨，只不過春天快來了，窗外的樹梢都看得見有些綠色的枝芽在往外冒。

向東同樣起了個大早，坐在餐桌前看著手上的筆記，這是圖特說的一段話：

當我們活生生的真我開始躲藏——因為要討好父母以獲得存活——一個虛假的、共依存的自我就出現了，因此我們就失去了對真我的覺知，渾然忘卻它的存在。我們和自己是誰的真相失去了連繫，逐漸地，我們開始認為自己就是那個虛假的自我，因此習慣和上癮就開始了。

向東手上拿了根菸，一直沒點，因為圖特說：「我們的上癮症，也多半來自幼時的需求被拒而引起的創傷。你不想去面對那個隱隱約約、時不時發作一下的痛，所以用上癮行為來逃避那種『感覺』。」

向東前年生了病，醫生要她戒菸、少吃肉。少吃肉向東做到了，可是戒菸真的不容易，她最多只能做到少抽。向東閉上眼睛，搜索著自己身體內在想要抽菸的衝動到底是從何而來。她隱約覺察到心口有一塊地方非常沉悶，她很不想面對它，因此，抽根菸似乎是個解決之道。

但是，畢竟現在向東的意識層次提高了，她並沒有強迫自己戒菸，只是好奇地把自己當成實驗對象在研究：是否能夠有覺知地抽菸，或者，可以用覺知來替換菸癮？「如果我胸口的這個沉悶會說話的話，它會告訴我什麼？」向東好奇地等待著答案。接著在靜默中，居然升起一個憤怒的聲音：「你竟敢瞧不起我？」

向東驚訝地觀察到，這個聲音一升起，立刻帶動了胸口的陣陣漣漪，一股負面的能量向四周散去，向東的手腳立刻有些麻麻的感覺，渾身上下極度不舒服。

這就是她生命的基調吧？雖然從小到大一帆風順，美麗能幹，學經歷又好，但是向東始終都像一隻隨時戒備的刺蝟，只要有人挑戰她說的話，或是損及她的面子或利益，她的防衛層就會全面戒備、全副武裝。

「對事不對人」始終是向東在大公司裡面最學不好的功課。只要公司其他主管在談話中，不經意地評論人事部的工作績效或人員等，向東就會進入全面警戒狀態，讓別人不敢越雷池一步。

向東都可以想像自己在面對這類事情的時候，她的防衛機制紅燈、警鈴同時大作，全身每一個細胞都進入防衛、甚至攻擊狀態的盛況：「危險！危險！敵人！敵人！」

為什麼向東會把別人的行為都解釋成「瞧不起她」，而且覺得都是針對她個人而來的呢？為什麼向東那麼怕別人瞧不起她？連向東自己都感到困惑。她從小並沒有被別人瞧不起過，媽媽早逝，爸爸帶著姊姊和向東過生活，一直也沒有再娶，所以向東雖然打從心裡不喜歡暴躁粗俗的父親，但是對於他終身不再娶的行為還是很感激的。

那麼在生命中，是誰讓向東覺得最被瞧不起呢？當然是那個該死的王宏。

向東把生命中最寶貴的五年，都花在這個男人身上。王宏對向東雖然寵愛有加、無微不至，也能忍受向東時不時發作的火爆脾氣，但是，他在兩人交往還不到三年的時候就開始劈腿，另結新歡。最惡劣的是，他存心欺瞞向東，還是希望維繫跟向東的戀情。

「這怎麼可能！你以為我是誰啊？這麼被你作踐？」向東一想起這件事，手還是氣得發抖，胸口就更沉重、更悶了。她習慣性地抓起了菸要點火，突然想到圖特的叮嚀：「回去要試試情緒療癒的方法哦！」

向東愣了半晌，放下菸，拿起自己的筆記。

情緒療癒的步驟：

❶看到自己的不舒服（痛苦）：接受自己的不舒服與外在刺激（人、事、物）無關這個事實，並試著看見：這是你內在一個多年的舊傷被觸動了。

向東顯然已經看到她的不舒服了，但是她認為這個不舒服是那個男人引起的。現在她要做的就是：了解事過境遷了，那個男人早已淡出她的生活，她之所以還會這麼生氣，是一個多年的舊傷被觸動了。向東的好奇心又升起，想看看究竟是什麼舊傷在作祟。以前這個不舒服的感覺一出現，向東就用各種手段來逃避、壓抑、轉移，這次，她決定試著面對。

❷充分去體驗那個不舒服的感受，把它當成一個正在耍賴的孩子，全神貫注地和它同處於當下。想哭就哭，想發脾氣就打枕頭，想罵人就罵，充分把這個

情緒表達出來。

向東覺得自己內在那股不舒服的能量正逐漸擴大，突然變成了巨大的憤怒，不管這個情緒是針對誰，都不重要了。她抓起一個枕頭，把所有的怒氣都發洩在上面，讓自己內在受阻而停滯的能量流動起來。她又哭又打又罵，讓平時壓抑的委屈和憤怒完全展現出來，盡情地表達它們自己。

❸ 發洩完了以後，慈悲地觀照自己，繼續覺察身體哪個部位有緊繃或不舒服，把呼吸輕柔而慈悲地帶到那裡，輕輕地安撫它。

向東感受到胸口壓抑的能量開始流動了，同時也覺得胸口隱隱作痛。這些能量被壓抑、忽視太久了吧。向東把呼吸輕輕帶到胸口的正中央，和不舒服的感受在一起。閉上眼睛，慢慢放鬆自己的呼吸，向東有生以來第一次靜靜地觀照那份不舒服，與它純然同處於當下。

❹ 如果你願意，此刻可以呼求不同的更高力量來幫助你——更高力量可以是某個神祇，或是你內在的至善力量，或者，你可以通稱它為宇宙——讓這個最高力量把光帶進來，擁抱著你不舒服的那個部位，像抱著一個受傷的脆弱小孩

一樣。溫柔而慈悲地……

向東此時覺得那個不舒服的感覺還是揮之不去——雖然已經有暢快的感受了。於是，她開始按照圖特的指示，呼求光和愛的最高力量來。她不斷想著：「光和愛，請你們來到我身上幫助我。」帶著這份意念，她把自己的不舒服想像成一個頑皮撒嬌的孩子。此刻她突然感覺到，好像真的有源源不絕的光和愛進來，讓她能夠充滿愛心地對待這個調皮的小孩。

向東閉目靜坐。不知道過了多久，她在一種新鮮奇妙的感受中睜開眼睛，覺得眼前的世界好像都塗上了更鮮豔的色彩，整個人覺得好輕鬆、好自在。如果剛剛她選擇抽菸的話，絕對不會有現在這樣的感受。她覺得這個情緒療癒的方法，真是非常神奇！

25

覺得自己不夠好？

用轉念對付想法，用情緒療癒應對情緒

看到自己重要性的人，總是獲得尊重和敬愛；如果你自己都感覺不到自己的價值，如何在外面找得到？

剛才的經歷對向東來說真是新鮮又有趣，她感覺自己的內在有一個溫柔的地方被觸動了，這就是圖特以前說的「內在成人」嗎？這個內在成人是否可以支持向東內在那個不知道為什麼，但是卻極度害怕被人家瞧不起的自卑小孩呢？

向東看看手上的筆記——轉念作業單。她在課堂上簡單地寫下了：

①我對王宏感到很生氣，因為他瞧不起我。

②王宏應該跟我道歉。

③王宏是一個不尊重別人的人。

向東決定自己來做做這個轉念作業。按照圖特的問法，向東開始問自己：「這是真的嗎？王宏真的瞧不起你嗎？」

向東不敢確定了，因為王宏在其他方面對她都好得沒話說，但他的花心真是令向東不敢恭維。

向東想：「他的花心劈腿，就是對我不尊重嗎？有沒有其他可能性？」

「當然有！」向東恍然大悟。她可以不接受王宏的行為，但不必認為這是對她個人的侮辱，或者認為因為她不夠好，王宏才這麼做的。即使王宏跟戴安娜王妃交往，還是有可能會偷腥，因為那就是他在當時情況下的本色，不因人而異的。

向東這種認為所有事情都是衝著她來的態度，讓她行事為人常常喪失理智，做出一些很莽撞、衝動的事，真是得不償失。

那麼這句話的反轉句是什麼呢？

①王宏對我感到很生氣，因為我瞧不起他。

②我對我自己感到很生氣，因為我瞧不起自己！

向東驚訝地發現，這兩個反轉句的真實性，完全不亞於前面那一句。王宏以前是常常抱怨向東太大女人主義，不夠尊重他。而根據投射原理，向東當然瞧不起自己，才會認為別人瞧不起她！

像是被醍醐灌頂似地，向東愣在原地，想起圖特老師上課時說過的話：**「看到自己重要性的人，總是獲得尊重和敬愛；如果你自己都感覺不到自己的價值，如何在外面找得到？」**

向東覺得自己真的是對自己太過嚴苛，就是一個十足的完美主義者。完美主義者的初衷是什麼？就是覺得自己不夠好，所以才處處苛求自己要做到最好、最完美！

向東現在讀第二句和第三句都有點不好意思了，她把它們直接反轉過來：

①我應該跟王宏道歉（沒錯！）；我應該跟自己道歉（當然！）。

②我是一個不尊重別人的人（絕對是的！）；王宏不是一個不尊重別人的人（也是對的！）。

向東真的覺得不可思議，這個轉念作業的威力竟然如此強大，讓她看見自己以前不曾看見的盲點。用這個一念之轉來對付想法，再用情緒療癒來應對自己的情緒，向東覺得自己已經是功夫、兵器都齊全的武林高手了。

用功的向東繼續回顧上課做的筆記，她很好奇圖特一直說的「潛意識動力」究竟是什麼。圖特在課堂上指出，幸雄的潛意識動力之一就是「報復」，把自己弄得慘兮兮的。

矛盾的是，幸雄另一個潛意識動力是「愧疚」，老覺得自己欠了全天下人，所以常常要充當拯救者。在內在無名愧疚的驅使下（其實那份愧疚是來自無法成功拯救母親的愧疚，還有未能見到父親最後一面的遺憾），幸雄常常很難跟別人說「不」，而最後也因為這個毛病而幾乎身敗名裂。

那向東的潛意識動力又是什麼呢？弄得一把年紀了還嫁不出去，得去領養一個孩子來安慰自己。她已經感覺到自己的潛意識動力是來自「我不夠好」，但是這顆「我不夠好」的種子，究竟是如何種下的？又是如何影響向東的親密關係呢？如果知道了答案，是否能夠追根究柢地查出原因，而療癒她的傷痛呢？

向東的腦子現在是一團亂，這時候，從筆記中掉出一份資料，是圖特最後發給他們的。

「家族系統排列」？向東從來沒聽過這玩意兒，可是圖特鼓勵他們去馬來西亞參加這個研討會，他還特別告訴向東：「你一定要去！」

向東上網查了一下有關家族系統排列[7]的資料：

海寧格先生的家族系統排列（Family Constellations）是目前歐洲心理輔導界與心靈成長團體中相當盛行的輔導方法，由德國心理大師伯特・海寧格（Bert Hellinger）整合發展而來。海寧格認爲宇宙間有一個隱藏的規律（他認同這個規律爲老子所說的「道」），這規律不但及於萬物，也運作在人類的家族系統（family system）內，我們可以稱之爲「愛的序位」。

當我們的生命不再和諧，發生了家庭失和、身心疾病、感情挫折、人生困境、事業失敗等負面事件時，其實並非偶然，常常是因爲這隱藏的規律被破壞了，許多傷害甚至會重複發生，從上一代延續到下一代。

家族系統排列就是要幫助我們辨認出這個隱藏的規律。指導老師藉由角色扮演的方式，讓問題的根源得以揭露，並進一步調整家族中「愛的序位」，使一切回復秩序與平衡，讓愛重新流動。這個方法不僅可以處理家庭問題，還可運用在工作、人際關

7.家族系統排列繁體中文網站：http://www.epicycles.org。

係及企業組織上。

看起來真的挺有趣的。向東檢查了自己的行事曆，似乎可以成行，於是她拿起電話，準備報名。

26

我的原生家庭發生了什麼事？

家族系統排列

每一個家族成員都不能被排除在外（就是不能遭到遺忘或否認），否則一定會有一個其他的家族成員來代表他，也就是說，這個家族成員會受到那個被排斥的家族成員能量的牽連，而出現異常的行為。

家族系統排列的會場設在馬來西亞吉隆坡的一個酒店裡面。進了會場，向東第一次在地球上看到這些日子以來，常常夜裡在太空相見的同學們。看到了幸雄，向東對他莞爾一笑，帶著幾分羞澀和善意。

那天看到幸雄的童年往事和療癒過程，向東被觸動了，沒想到這個大而化之的粗魯男子，還有這樣悲戚的前塵往事。幸雄癱在地上痛哭時，在他身上扶持的眾多溫暖的手中，有一隻是屬於向東的。

幸雄看到向東，興奮地過來打招呼：「嗨！北京姑娘，你也來啦。」

向東只是笑笑，沒回話。幸雄英文不好，和大部分的同學都無法交流，這裡可不是圖特的太空艙，沒有多國語言翻譯機，還好大會設置了中文翻譯，要不然幸雄還真聽不懂那個八十幾歲德國老爺爺的英語。

幸雄語言不通，只好挨著向東坐，他們運氣很好，都坐在會場的第一排。向東拿了一份自己在網路上搜索列印的家族系統排列資料給幸雄看。「簡體字，看得懂嗎？」向東促狹地問。

幸雄拍著胸脯說：「沒問題，別忘了我在大陸住過好幾年呢！」

人稱海爺爺的德國老先生一出場，全場立刻安靜下來，氣氛和能量也開始有所變化。主持人宣布了上課的守則之後，課程很快就開始，沒有多餘的開場白，老先生一下子就進入狀況，開始工作。

幸雄和向東是第一次來上這種課程，對於整個過程進行的慢速度，有一點不習慣。幸雄湊在向東耳邊說：「他們在幹什麼啊？」向東正要解釋，旁邊的人已經在「噓」，要他們安靜了。

原來家族系統排列是一種特殊的治療方式，個案當事人先描述一個自己的困擾或問題，然後老師會找代表上來扮演與當事人問題有關的人或事。擔任代表的人完全不知道當事人的情況，他們的任務就是放空、放鬆，跟著感覺移動。

不同於心理劇的是，家族系統排列不說很多話，也不做很多動作或演出什麼劇情。代表們一上來，按照老師的指引站好位置後，一種能量場就接管了現場，代表會自發性地出現一些表情、動作，自身的能量也會受到他所扮演的角色所牽引。

第一個個案是一名婦女，她抱怨十歲的女兒常常生病，而且脾氣很壞。

老師沒問太多問題，就開始叫人上臺擔任不同的角色，有人代表她，有人代表她老公，有人代表她女兒。老師看看排出來的情況，不知道為什麼，又叫一個人上來躺在地上。這個人一躺下來，扮演女兒的人就一直低頭看著他。

老師看了這個情況就說，這個躺在地上的人，是一個被他們家族遺忘和排除的成員，所以女兒會受到這個能量的牽引，而有一些偏差行為。

在家族系統排列的理論中，每個家族有自己的共同靈魂，它影響著每一個成員，而家族系統有一個系統性的規則：**每一個家族成員都不能被排除在外（就是不能遭到遺忘或否認），否則一定會有一個其他的家族成員來代表他，也就是說，這個家族成員會受到那個被排斥的家族成員能量的牽連，而出現異常的行為**。

老師最後讓所有角色擁抱在一起，對躺在地上的那個人鞠躬致敬，在靈魂、能量的層面上都認可他，然後讓大家解散。

向東在網路上看過這樣的例子，據說回去之後，那名婦女的女兒會開始有一些細微的轉變，行為就不會那麼乖張了，因為那個家族成員的能量被接受、承認之後，會進入整個家族的能量場中，逐漸穩定下來，不會再牽連她了。

此刻在現場，向東深深受到這個排列能量場的震動，覺得這個老先生實在太神奇了。他口口聲聲提到老子的「道」，其實，他本身何嘗不是老子的化身？

冷不防地，臺上居然叫到她的名字，向東被抽到個案了！幸雄開心地擁抱向東，向東尷尬地起身，快步跑向臺上，手腳緊張得不聽使喚，坐在老師身旁的時候，幾乎都要暈過去了。

老師帶著高雅的微笑，透過眼鏡直視向東，眼神充滿悲天憫人的情懷。向東從來沒看過這樣的一雙眼睛，立刻被老師溫柔慈悲的能量給征服了。

老師緩緩開口：「你有什麼問題（problem）嗎？」

向東想了想，簡明扼要地說：「我找不到好男人，準備自己過一生，已經去領養一個孩子了。」老師聽完也不看她，抬頭看看上面，然後又低頭緩緩地問：「你的原生家庭發生了什麼事？」

向東在老先生的能量場中，又在眾人的焦點之下，一下子進入如癡如醉的狀態。不知道從哪裡來的力量，她居然和盤托出自己對別人絕口不提的往事。

一開口，向東就好像進入了時光隧道，幽幽地述說自己不曾目睹的慘劇——她剛出生，才幾個月大，爸爸和媽媽吵架，結果爸爸打了媽媽一巴掌，媽媽一時想不開，趁爸爸不注意，就從七樓的陽臺跳了下去。

向東在幾個月大的時候，就失去了母親。

27

不哭的她終於潰堤

終結問題的根源

每個人都要尊崇、認可自己血緣的源頭，真心地敬愛父母和他家族的長輩，否則，就算外在事業豐足，這個人還是不會有真正的快樂和好運的。

所有人都被向東的悲慘故事所震撼，好長一段時間，全場安靜得連一根針掉在地上都聽得見。老先生低頭沉思了好一會兒，又突如其來地問一句：「你父母為什麼吵架？」

向東聳聳肩，無所謂地答道：「聽別人說，爸爸不滿意媽媽連續生了姊姊和我兩個女孩子，說她肚子不爭氣，有本事就生個男孩子看看。媽媽只是回了一句：『本事在你身上，又不是在我身上！』爸爸聽了勃然大怒，便賞了她一巴掌，她就……」

老先生聽到這裡，點點頭站起來，開始端詳同學們，準備叫人上臺擔任角色，開始排列。他看到坐在第一排的幸雄，就叫他上去，幸雄求之不得，一個箭步衝上臺。旁邊的助教指示幸雄：「你扮演她的父親。」

很巧的是，海爺爺又叫了坤兒上臺，扮演向東的母親，並且讓幸雄和坤兒面對面地站著。這個能量場的陣容一擺好，向東就覺得渾身不對勁。剛才還若無其事地好像在說別人的故事，她可以完全置身事外，此刻她卻感覺有一股巨大的悲哀能量從頭到尾灌頂而下，讓她不由自主地打了一個寒顫，手腳立刻變得冰涼。

幸雄一站好，就覺得胸口升起一股很奇怪的情緒。看著對面的坤兒，他突然感到無比愧疚，愧疚到他想立刻衝過去擁抱她，甚至跪地求饒，只要她能原諒自己。但坤兒卻只是漠然地看著他，甚至還退後了幾步。

一旁的向東看到這樣的場景，此時已經忍不住開始啜泣了。從小到大很少哭的向東，根本沒想到自己會在幾百人面前這樣垂淚，不能自已。

老師這時招手示意向東入場。一踏進那個能量場，向東和母親（坤兒）立刻相視大哭。

坤兒看著向東，心裡有一千萬個歉意和不捨。孩子還在襁褓中，就丟下了她，再怎麼狠心的母親也做不出來啊，當時真是鬼迷心竅了，竟然如此沒有理智。坤兒的感覺是：「女兒啊，媽媽對不起你，真捨不得你。這麼多年了，你出落得如此如花似玉，媽媽看到你又激動、又傷心。」

向東看著母親，心中壓抑多年的淚水早已決堤：「媽媽，媽媽，我好想念你啊！你為什麼丟下我？媽媽，我需要你，需要你啊！」母女相望，如此沉重的傷痛，多年的思念、悔恨、失落、無助……種種人世間的酸甜苦辣情緒，都在這一刻完全呈現。

幸雄在一旁慌了手腳，看著自己心愛的兩個女人相視垂淚，自己也不知道該如何是好。幸好老師叫了向東的姊姊入場，在一旁扶持爸爸。扮演姊姊的人一上來，也無可避免地開始嚎啕大哭。

老師在一旁耐心地等待四個人的能量慢慢整合，然後他示意坤兒說：「謝謝你，把兩個女兒帶得這麼好！」坤兒照做了。

幸雄一聽，淚水不聽使喚地落下，哽咽地說：「孩子的媽，我對不起你啊！對不起！對不起！」幸雄也忍不住開始大聲哭泣。

停了好一會兒，老師問坤兒：「你還有什麼要說的？」

坤兒此時居然冷靜地對幸雄說：「是時候了，我該走了，跟你無關。」

幸雄這時說：「你放心地走吧，我會好好照顧孩子的。」

夫妻兩人此時相顧無言，唯有淚千行！

全場鴉雀無聲注視的這一齣家庭悲劇，此刻產生了戲劇化的轉變。

原來向東的媽媽就只是時候到了，該走了，就算向東的爸爸不打她，她也會找另外的方式結束這次的旅程。這些都是在靈魂層面的決定和約定，不是我們人腦的表意識可以理解的。

老師最後指示他們四個人抱在一起，大家痛哭個夠，也讓多年來的悲歡離合做一個總結。

向東和姊姊錯怪了爸爸這麼多年，導致兩個人的親密關係都出現嚴重問題。向東一直雲英未嫁，姊姊卻是離了兩次婚，現在索性搬去和爸爸同住，再也不打算找男人了。

而向東的父親背負了這份血債這麼多年，心頭的悔恨一直啃噬著他，讓他終身未曾再娶。他的身體也一直不好，不到七十歲的人，看起來格外蒼老，一身是病。

這次排列結束之後，海爺爺語重心長地說了幾句話：「中國人說的慎終追遠，是很重要的。**每個人都要尊崇、認可自己血緣的源頭。一個人如果想要過好的生活，一定要孝敬父母，真心地敬愛父母和他家族的長輩，否則，就算外在事業豐足，這個人還是不會有真正的快樂和好運的。**」

向東回到座位上，幾乎癱在幸雄懷裡。她喃喃自語：「我真的不知道，我真的不知道，爸爸，爸爸，媽媽，媽媽……」幸雄就是一直安慰她、支持她，最後看向東實在撐不住，就帶著她回房休息去了。

28

你是屬於哪一邊？

平衡男女特質

老子曾說「上善若水」，「水」指的就是女性特質，如果能夠善用，那才是真正的天下無敵。

太空艙的大課堂裡鬧哄哄的。大家愈來愈熟悉，也愈來愈常談天說地、閒聊家常，但向東直挺挺地坐著，好像陷入沉思之中，沒想要和誰聊天。幸雄看她這個樣子，也不敢跟她打招呼。

圖特走進來，大廳立刻安靜下來。圖特看看大家，眼光最後落在向東身上，並溫柔地示意她到前面去，坐在圖特身旁。

向東坐下來，從容地看著在場的每一個人。圖特開口了：「怎麼樣？家族系統排列……」

向東緩緩地回答：「很好啊！解開了我心中多年的一個糾結。但我不明白的是，我問海爺爺的問題是我自己親密關係的障礙，這跟我恨我父親有什麼關係呢？」

向東現在也顧不得什麼面子了，只管把自己心頭的疑惑和盤托出。

「嗯，」圖特點頭，「我們從頭來說。首先你要明白一點，**孩子是不會恨父母的。表意識上也許會，但是心裡的最深處，尤其是他們還小的時候，面對父母的不是，他們只會責怪自己，不會把責任放在父母身上的。因為對每個孩子來說，父母就是神，是他的生命所倚賴的源頭。**」他看看向東，憐惜地說：「你那麼小就失去母親，如果不責怪父親的話，你會如何責怪自己？」

向東低頭沉思了好一會兒，然後說：「嗯……父母是因為我的性別而吵架的，如果我要責怪自己，就是怨自己不是男兒身嘍！」

「沒錯，」圖特讚許，「很好。所以，你會不斷壓抑自己的女性特質，盡可能活得像個男人一樣。而且，你最怕別人因為你是個弱勢的女性而瞧不起你！」

這句話讓向東怦然心動，難道這就是她潛意識動力的由來？最怕別人瞧不起她，因為她自慚形穢自己是個女兒身？她看看圖特，突然浮現一個問題：「我怎麼樣壓抑自己的女性特質呢？」

圖特笑笑，示意阿凸給大家看一個圖表[8]。

男性化／陽	女性化／陰
太陽　熱　乾	月亮　冷　潮濕
天　父親	大地　母親
光　照亮	黑暗　影子
腦　理性思維	身體　本能　本性　性
分析　邏輯　線性思考	感覺　流動的
涇渭分明　貼標籤	連結　關係
批判	接受　接納
結構　控制　秩序	無秩序　混亂
可信賴的　可依靠的	即興　不可預料的
根據資料得知	直接知道　直覺
目標　表現　完美	非競爭性的
達到　完成	進行　治療　關懷　滋養

圖特讓向東研究了幾分鐘後，開口問她：「你覺得自己屬於哪一邊？」

8.本資料來自香港Deborah Chan的內在工作坊（Inner Work）。

向東看看，很直截了當地說：「上面！邏輯、理性思維、涇渭分明、批判、結構、目標、競爭！這就是在說我嘛！」

圖特笑笑地說：「是啊，你就像個戴了假髮的男人。」臺下的幸雄忍得很辛苦，才沒讓自己笑出聲來。

向東不解。「可是，這些特質有什麼不好呢？在這個現代社會中，有這些特質的人才會成功、有成就啊，不是嗎？」

臺下有些同學點頭附和。圖特說：「表面上看起來是這樣沒錯，親愛的。但是，不要忘了平衡的重要性。你們中國有一位古老的智者叫老子，他曾說**『上善若水』，『水』指的就是女性特質，如果能夠善用，那才是真正的天下無敵。而且，**」圖特停頓了一下，「**你的男性特質太過發達，這樣就會導致一個常見的結果：你的快樂程度也隨之降低。**不是嗎？」

向東想想，自己好像真的一直都很不快樂。什麼事情都要分個是非曲直、黑白高下，所有的狀況都要在她控制之下，要不然她就會抓狂；什麼事情都要有個目標，而且都要完美地達成。這些特性雖然讓她在職場上出類拔萃，但在個人生活上卻是一敗塗地。

想到這裡，向東還是不改本色地問：「那怎麼樣才能整合男女特質，變得成功又

快樂呢？」

圖特看著向東，覺得自己打從心眼裡喜歡這個一直勇敢接受挑戰的女孩。「首先，要知道你自己是如何一直在壓抑女性的特質。以前你沒有覺知，現在知道了，要把這些潛意識的動力帶到意識層面來。」

圖特停了一下，更加柔聲地說：「要不然，你下意識地一直在攻擊自己的女性能量，這使得你的細胞開始攻擊自己的女性器官。所以，」圖特更小心了，「即使你的乳癌已經痊癒了，但如果你的心態還不改變，你的癌細胞可能會開始攻擊其他的女性器官，不可不慎！會得乳癌的女性多半是因為不懂得如何滋養自己。乳房是哺育滋養的象徵，所以，要多愛自己一點。」

向東紅了臉，低頭不語。她的乳癌發現的時候是第二期，經過化療，現在已經控制住了。按照圖特的說法，如果一再壓抑、攻擊自己的女性能量，會讓她的癌細胞繼續轉移到其他的女性器官？這是真的嗎？

「你寧可信其有吧！」圖特看出她的懷疑，又開玩笑地說：「看看你，頭髮削得那麼短，從來不穿裙子，衣服的色彩總是偏素冷的黑灰色，這些全是男性特質的表徵。」

29

我的親密關係怎麼解？

真心接納自己的源頭

很多人的親密關係之所以出現問題，是因為和父母的關係過於糾纏不清。所以，在心理上放下父母，就是邁向幸福、成熟人生的第一步。

向東開始臉紅了，她的確是在擔心自己的癌症會復發，但沒想到會是因為這樣的原因。而自己的裝扮雖然一向男性化，但向東並不是同性戀啊，只是覺得自己這樣很酷！

圖特看到向東臉上一陣紅一陣白，又出言相勸：「所以，你要多多發揮女性特質。我給你的建議是——」圖特細心地列出以下幾項：

- 與其鍥而不捨、不斷努力地付出，以達到你的目標，不如盡到本分之後就靜觀其變，學習接受結果的自然呈現。

●與其什麼事情都要立刻獲得「是或不是、對或錯、要或不要」的答案，不如學習穩坐在矛盾、曖昧、隱晦之中，耐心地等候正確時機出現。

●與其一味地逞強好勝，不如學習接受別人的關懷和照顧，甚至接受「失敗也是可以的」。人生眞正的失敗是一味地追求成功，最終卻發現那都不是你眞心想要的。

●與其強求事情都要按照你所希望的方式發生，不斷去控制周遭的人、事、物，變成了控制狂，不如讓事情自然而然地水到渠成，學習包容和寬恕。

●與其要求別人言行舉止都要按照你的心意，不如對人多一份寬容和慈悲。

圖特轉向大家，開口說道：「其實這些是每一個男性特質過於激進的人都會犯的毛病，向東只是個代表而已。」

向東看到圖特很快就整理出自己最大的幾個毛病，不禁十分佩服，但她還是勇敢地提出自己的疑問：「那……那我的親密關係又是如何被這些潛意識動力影響的呢？」

圖特說：「好，讓我們回到你和父親的關係。你長大之後，逐漸開始對父親有很多不滿。你痛恨他重男輕女，又埋怨他害死了母親，這樣的心態會讓你對男人有什麼看法？」

向東猛地抬頭，「你是說，我實際上是痛恨男人的？」

圖特不置可否地說：「你有沒有想過，你的父親之所以會重男輕女，是為了什麼？」

向東聳聳肩，答道：「傳宗接代的老思想吧？」

圖特搖搖頭。「還是有很多人不接受這種傳統思想啊。真正的原因是，」圖特看看向東，「你的父親對自己的男性特質很沒有自信，他覺得自己不夠像一個男人，所以需要生個兒子來彌補這個缺憾！」

「而且，」圖特補充，「你所找的男人，一定都具備女性特質，是不是？」

向東想起王宏，那個細心體貼、對自己寵愛有加的男人，有時候向東真覺得王宏很像她媽，無微不至地照顧她。「可是、可是，他們並不忠誠啊！」王宏並不是向東第一個會劈腿的男友，以前所有的親密關係多多少少都因為第三者而結束。

圖特笑笑。「他們都是內心比較脆弱的男人，喜歡找你這樣的女強人來彌補自己的缺憾。但是一段時間以後，」圖特看看向東，有點忍俊不禁，「哪個男人願意長期跟另一個男人睡覺呢？除非是同性戀！」

臺下的幸雄真的差一點笑出聲來，他咳嗽兩聲，掩飾自己的尷尬。臺上的向東卻是有如大夢初醒地坐著，一言不發。**原來自己的內在還有這樣的故事在上演，造成了她外在生活的種種情境；原來這些早就在內部沸騰，然後才顯化於外的。**她的男人最終還是想體會真正女人的溫存，所以無可避免地會在外面拈花惹草。

圖特看看臺下因為忍笑而表情古怪的幸雄，忍不住說：「幸雄，你自己也是五十步笑百步，別隔岸觀火啊。」

幸雄搔搔腦袋，完全不能理解地問：「你在說什麼啊，圖特老師？」

圖特說：「男人有時也會壓抑他們的女性特質。就像你，一直不願去面對、碰觸自己內在脆弱、柔軟的一面，所以特意裝出豪邁奔放的大男子氣概來，其實內心有時是非常孤獨而軟弱的。」

幸雄此刻的臉色不太好看。如此赤裸裸地被揭穿，真是讓他不舒服，他用笑聲來掩飾自己的尷尬，「哈哈哈！我不就是個大男人嗎？怎麼會有女性特質？」

圖特笑笑：「你們中國古代不是有一個太極圖嗎？說的就是陰陽平衡的道理啊。每個人本身就是一個小太極，要陰陽協調，才能活出最理想的人生。這個道理不是很簡單嗎？」

幸雄不答腔了，生怕又被圖特給扯進去，洩露更多自己內心的祕密。

圖特放過幸雄，轉身看著向東說：「所以，想要有好的親密關係，你必須先寬恕自己的父親，因為你和父親的關係模式，會不可避免地在你的親密關係之中重複。」他又轉向其他男士，「而你們和母親的關係，也會不可避免地影響到你和親密伴侶的關係，不可不慎！」

幸雄聽了不禁想道：「原來我受了母親的影響，在親密關係中總是想拯救對方，把對方看成受害者，所以千方百計地想讓對方快樂。最終自己乏力了，也陷入受害者牢籠之中，難怪會出問題！而我的內在的確也有母親的軟弱，只是一直被我打壓和否認啊！」

圖特看到幸雄的心理過程，點點頭說：「你們很多人都和父母的能量牽纏在一起，心理上是個長不大的孩子，父母也不肯放過你們，所以造成很多相處上的問題。我建議你們先在心理上和父母『離婚』！」

「和父母『離婚』」？大家面面相覷，覺得這種說法太奇怪了。

圖特面不改色地說：「你們很多人的親密關係之所以出現問題，就是因為和父母的關係過於糾纏不清。成年的孩子在父母面前還是要討愛，希望獲得肯定和讚賞，不斷地討好父母；或者，他們會對父母覺得歉疚，不斷地屈服順從。而父母當然也有責任，他們不願意接受孩子已經長大，而且是個成熟的個體了，下意識裡，他們還是希望孩子永遠是他們的小寶貝，在他們的掌控之下。」

圖特看看大家，又繼續說：「所以，**在心理上放下父母，尊重他們靈魂和生命的進程，不再去討好或拯救他們，是你邁向幸福、成熟人生的第一步！**」

好「重」的話啊！大家聽了之後都很沉默，紛紛開始檢視自己和父母的牽纏、糾葛。

圖特接著又說：「我們這幾週都在討論你們幼時的一些經歷，以及和父母親的關係會如何種下潛意識裡的各種因子，造成不同的動力，進而影響你們的成年生活。總而言之，」圖特準備做個總結，「你們的生命當中，如果和父母有未完成的事，也就是說，心中還是懷有芥蒂——而且很可能是潛意識的——你要試著在生活中觀察，並化解你對父母的怨懟。我建議，今天回去，每個人都要跟父母見面或通話，如果父母已經過世了，就在心裡這麼做。不預設立場、不帶偏見地去和父母溝通、說話，看看會有什麼事情發生。

「你們回去後有幾週的時間可以整合你與父母的關係。當你能夠真心地接納自己生命的源頭，並對他們表示感恩的時候，你們就可以進入第三個階段——隨心所欲地玩生命的遊戲！」圖特愈說愈興奮，「在這個階段，你們可以真正發揮天賦、好好活出生命。希望大家都能通過考驗，再度加入我們的行列。我和阿凸隨時在這裡歡迎你們！」

圖特說完，大家熱烈鼓掌，持續了好長的時間，感謝他辛勤的教導。同學之間也互相勉勵，希望在第三階段能再相見！

——第三部——

隨心所欲地玩
生命遊戲

把我們的人生看成這樣的一場遊戲，
可以讓你進入遊戲的下半場，
開始在人生的逆境中尋回自己隱藏的力量。

30 生命會不會是一場遊戲？
找出你是誰

有一種存在，叫作宇宙意識，祂決定玩一個遊戲，叫作「找出你是誰」。

這堂課一開始的時候，教室裡的情緒可以用「沸騰」兩個字來形容。大家相見都喜形於色，因為能在這裡見面，表示大家都已經進入了第三階段。

幸雄看到向東格外高興。在這段期間，兩人各自做了「解決與父母未完成事項」的功課，頗有斬獲，幾乎每天都通Skype，互相加油打氣。

向東的頭髮明顯留長了，穿著剛上市的春裝，淡淡的粉色和淺淺的藍色，搭配得恰到好處。一襲及膝洋裝襯托出她美好的身段，讓幸雄看得眼睛都直了。

幸雄現在趁每週一餐廳最不忙的時候，開車到新竹探望母親。和以前最大的不同是，幸雄發現自己現在靜得下心來，聽母親數落左鄰右舍和親朋好友（甚至他死去的父親），而且不會被牽扯在其中，或是覺得厭煩，最後弄得不歡而散。有時母親也會教訓幸雄，說一些關於他婚姻和事業的大道理，要他好好做人，不要搞得一事無成，幸雄對這種情形也能泰然處之。

他只是不斷地觀察自己當時的想法，然後問自己：「這是真的嗎？」每當有情緒升起，他就回觀自己，並且採取情緒療癒的步驟。到了最後，母親自己都覺得無趣，該罵的人都罵完了，該叨唸的也都叨唸完了——打一拳出去，對方不反擊，也不受力，反而沒有著力點了，空盪盪的，很無趣。

有一次，母親又在數落幸雄的不是，抱怨很少看到自己的孫子。幸雄看著母親，滿頭白髮，滿臉皺紋，一時之間，母親的聲音好像來自一個遙遠的國度，她說什麼都不再重要了。那一刻，幸雄的心打開了，全然臨在地和母親在一起。母親說著說著居然就住口了，兩個人什麼話也沒有說，就是沉浸在安詳的寧靜中。

所以後來他回家的時候，母親的負面情緒愈來愈少，母子倆在一起時就說說最近發生的新鮮事，或是過去好玩的往事，讓幸雄愈來愈想回家，母親也愈來愈期待他每週一次的探望。

向東的進步也很大，她也是每個週末去探望與姊姊同住的父親。以前都是相對兩無言，向東總是冷冷淡淡的，吃了飯就走人。現在的向東和父親有說有笑，有一次離開時居然還破天荒地在父親臉頰上啄了一口，父親受寵若驚，向東則是紅著臉低頭趕緊走人。

以前不苟言笑的向東，現在就像一座融化了的冰山，開始有人情味了。父親和姊姊對於她巨大的轉變都很驚訝，還問她是不是交了男朋友、好事近了。

圖特踏進船艙的時候，向東正在跟幸雄描述她快速偷親了父親一口的情形，父親的反應就像頭一次牽女孩子手的小男生一樣靦腆。向東說著，幸雄聽著，兩人笑得好開心。

這次圖特進來，大家居然都沒注意到，他還得假裝咳嗽幾聲，大家才安靜下來。

「恭喜你們，」圖特開口，「進入了第三階段。而隨著你們意識層次的提升，第三階段的難度也相對地比較大。」

看著朝氣蓬勃的學生，圖特的語調充滿信心。「不過，你們到目前為止都表現得非常出色，我相信在隨心所欲玩生命遊戲這個階段，你們會有更大的收穫。」

「在這裡，」圖特的聲音格外宏亮，「我要提供另外一個版本給你們，是跟你們究竟是誰、來到這個世界是為了什麼，以及到底有沒有所謂的神等相關的議題。」

臺下的人都豎直了耳朵。

「所謂另外一個版本，意思就是你們地球上已經有很多闡述這些議題的不同版本了。每一個宗教、每一種靈性派別，都有它各自表述的說法。」

幸雄忍不住打斷圖特，問道：「圖特老師，哪一種才是正確的呢？」

圖特哈哈一笑：「這就是我要跟你們說的，每一種版本都可能是對的，而我的版本也不是最正確的，它的正確與否，完全取決於你個人的看法。還有，」圖特頓了一下，「你個人的喜好！」

臺下的同學們一臉茫然，圖特繼續解釋：「對於宇宙這個議題，其實有無數版本可供你們選擇，這是所謂『平行宇宙』的觀點。我個人選擇的版本是：有一種存在，叫作宇宙意識，祂在各個不同的星球有不同的顯化方式。而你和我，雖然來自不同的星球，但都是祂的一部分，換句話說，宇宙意識是我們共同的源頭，也就是很多人所謂的『神』。」

圖特知道還是有人聽不明白，但他徑自說了下去：「**宇宙意識決定玩一個遊戲**[9]**，叫作『找出你是誰』。為了玩這個遊戲，宇宙意識必須做兩件事：第一，祂需要創造**

9.這裡談到的生命遊戲，以及後面會提到的彩蛋的觀念，是來自克里斯多福．孟介紹給我的書《你值得過更好的生活》（Busting Loose From The Money Game）。這本書談的觀念很有意思，但是非常激進，很多人無法接受。這裡用的是我自己「改良」後的簡單版本。

一個二元對立的世界，然後把自己分割成無數的碎片，撒落在這個世界上；第二，雖然這每一片碎片都是祂，也都帶著祂無所不能、無所不在的最高力量，但為了要玩『找出你是誰』這個遊戲，祂必須隱藏、收斂自己的力量和能力，才會讓這個遊戲更加刺激好玩。」

一口氣說到這裡，圖特知道有人已經受不了了，於是停下來等待大家發問。

首爾的正熙搶先問道：「為什麼要創造二元對立的世界？這是什麼意思？」

圖特氣定神閒地回答：「因為宇宙意識所在之處是一片混沌，是一個『至一』的境界，沒有黑白對錯、是非好壞的對立性。你想想看，在那裡怎麼玩遊戲呢？」

東京的友子接著問：「那為什麼要玩這個遊戲？有什麼意義呢？」

圖特笑笑地說：「你們人類的遊戲有多少種？除了現在最流行的線上遊戲之外，你們的各項體育運動和競賽，不也是一種遊戲嗎？你是日本人，你打高爾夫嗎？」

友子點點頭。「那你為什麼打高爾夫呢？」圖特問。

友子聳聳肩，「好玩啊！」

「一根桿子，一顆小白球，一個大大的人拚命想把小小的球打進遙遠的一個小洞中，有什麼好玩的？」圖特故意挑釁地問，然後又笑著說：「就是這樣啊！就是有人

覺得好玩啊！那麼，宇宙意識就不能為了好玩而玩遊戲嗎？否則，在一片混沌之中，它怎麼去體驗自己呢？」

香港的克里斯說：「你用『遊戲』兩個字來形容我們的人生，讓我很反感。我們的人生充滿如此多的苦難，你居然說它是個遊戲，這未免太……」

孟買的阿南達搶著說：「我們印度教裡是有這種說法，認為宇宙就是眾神的遊戲，地球也是一個遊樂場。」克里斯還是滿臉不以為然。

圖特說：「克里斯，當你小時候，在一般孩子最愛玩的年齡時，你父親給你灌輸了什麼觀念？」

克里斯回想了一下，說：「當時我父親在家裡創業，開個小雜貨店，我們每天都要幫他搬運貨品或照顧生意。」

「所以啊，」圖特說，「你的觀念就是：人生是嚴肅、要做苦工的，可不是拿來玩的。但你能不能看出它只是個想法，而且是讓你無法愉快生活的想法？」

克里斯若有所悟地點點頭。

圖特看著他說：「我知道這種根深柢固的想法很難改變，沒有關係，慢慢來，只要先在你的表意識註冊一下，然後再讓它慢慢地滲透下去。」

31

找尋人生的彩蛋

重新收回你失落的力量

「彩蛋」會偽裝成各種問題，出現在你的生活中。如果你碰到這些彩蛋，願意面對它們、打開它們，你會發現裡面有當初被你隱藏起來的力量和各種天賦，你就可以把它們重新收回來。

圖特停了一會兒又說：「克里斯，即使你不接受這種觀念也沒有關係，因為這是你的自由選擇。你要相信人生是艱難、嚴肅的，就像有人說的『人生如戰場』，也沒有問題，因為那是你決定的遊戲規則，我們尊重你，但你這個遊戲規則會為你顯化出你外在的世界。」圖特的臉更嚴肅了，「我想問的是：你現在的人生觀，為你顯化出了什麼樣的人生？如果你所抱持的觀念，到目前為止並沒有為你帶來你想要的人生，也許還帶來了你不想要的人生，那麼，考慮採納另外一種人生觀，對你有什麼損失呢？」

克里斯低頭沉思不語。向東又提出了關鍵的一問：「那圖特老師，把我們的人生看成一個遊戲，又能為我們帶來什麼好處呢？」

「很好！很好！」圖特點頭讚賞，「要回答這個問題，先讓我們回到正題：為什麼要玩這個遊戲？」圖特突然示意阿凸投影一段片子讓大家看。

牆上出現的是一個學校的校慶，學生們正在歡樂地慶祝。接下來就是一連串的競賽遊戲，包括拔河、接力賽跑，然後就是兩人三腳的遊戲：參賽的一組兩人，把各人的一隻腳綁在一起，然後比賽看看哪一支隊伍走得最快。

看到這裡，圖特暫停了影片，然後問大家：「看到了嗎？他們收起自己雙腳快跑的能力，把兩個人的腳綁在一起，然後看哪一組一拐一拐地走得快。這在做什麼？這是為了什麼？」

「好玩啊！看看會發生什麼事！」幸雄忍不住說。

「對啦！」圖特很高興，「這就是人類遊戲的精髓：**宇宙意識化身為人類，隱藏了祂無所不能的力量，就是為了要看看到底會發生什麼事——這是他們選擇的遊戲規則。**」

「所以——」圖特拉長了語調，「這個遊戲分為兩個階段。在上半場，你出生了，成為動物當中唯一在生下來幾年之內都沒有辦法自己求生的一個族類——完全地脆弱、無能。因為這樣，你出生的頭幾年必須完全依賴周遭的世界提供你食物、讓你安全——你變得毫無力量。」

螢幕上閃過嬰兒出生，大人手忙腳亂地餵奶、換尿布、照顧他們的情形。

「在遊戲的上半場中，你周遭的人、事、物都是設計好來幫助你忘記自己是誰的。而且更重要的是，這些人、事、物說服了你：你和真正的你是完全相反的——軟弱、受限、無能、孤獨、愚笨、悲傷、嫉妒……」圖特繼續說著。螢幕上出現孩子跌倒了被人嘲笑，做錯事情被父母、老師責罰，一個人孤零零地走在街頭的畫面。

「所以從出生之後，一連串發生的事情都在幫助你忘記自己是誰。這個階段的遊戲設計得非常成功，看看在座的各位就知道了。」大家面面相覷，不知道該做何反應。

圖特又給大家看一些文字：

真正的你↓自由自在的靈體：無限的豐足、無限的創意、無限的力量。

你以為自己是↓受時空限制的一具身體：在有限的世界資源中掙扎求存，幸福快樂操控在別人手裡，或是取決於你能得到多少分量的世俗價值。

曼谷的坤兒舉手。「你現在說的這些，跟我們以前提到的潛意識動力有關嗎？」

圖特點頭。

「是的，上半場發生的種種事情，例如小時候的創傷、痛苦的經歷，都會在潛意識裡留下一些負面的信念，也就是說，會把你的力量隱藏起來，讓你不知道自己是誰。而這些痛苦和創傷，卻又正是在遊戲下半場讓你找到自己真正是誰的最大助力。也就是說——」圖特加重了語氣，「**當你們長大成人以後，在生活當中會遭遇到種種困難，這些困難和問題，其實都是來幫助你了解自己有負面信念——也就是不利於你的潛意識動力——並且希望你可以從克服困難的過程中，失而復得你當初埋藏的力量。**

「所以，回答向東的問題：把我們的人生看成這樣的一場遊戲，可以讓你進入遊戲的下半場，開始在人生的逆境中尋回自己隱藏的力量。就像我們的向東——」

圖特舉例：「當初她因為母親早逝，而隱藏了自己強大的女性能量，這是一個陷阱。成年以後，她從親密關係的問題和困難當中，發現了自己的負面信念。而藉由面對自己的脆弱、克服內在的障礙，她找回了她的女性特質，重新迎回當初她隱藏的力量。」

向東聽到圖特的誇讚，不由得臉紅起來。

這時，螢幕上出現一個外國農場，在復活節當天，很多小孩被邀請來參加「尋找彩蛋」的活動，孩子們手上都拎著一個籃子，在每個隱蔽的角落尋找彩蛋。很多找了滿滿一籃彩蛋的孩子格外興奮，整張小臉紅撲撲的，因為彩蛋裡面有各式各樣的小玩具，每打開一個，就有一份驚喜。

臺下的同學心裡都納悶：「讓我們看這段影片幹什麼？」

圖特笑笑說：「好，你們來想像看看。你們一出生就已經遺忘了自己是誰，因為你從一個無所不能的宇宙意識，變成了一個手腳都不聽使喚的小貝比。但是在你們投胎成人之前，你們都已經祕密地準備好了自己的彩蛋，把你的智慧、能力、才華等美好的特質都塞在裡面，並且把這些彩蛋藏匿在你人生旅程的每個角落。」

螢幕上出現了大人在農場裡面熱熱鬧鬧、到處藏匿彩蛋的畫面。

「好，遊戲開始了，也就是說，你出生了。」圖特說，「**上半場遊戲中的你，遭遇了各種不同的打擊，好進一步幫助你忘記自己是誰。等到你體驗夠了自己的各種限制、無能、脆弱、匱乏等，而準備好要進入下半場時，你就變成了尋找彩蛋的小孩。這些彩蛋會偽裝成各種問題，出現在你的生活中。如果你碰到這些彩蛋，願意面對它們、打開它們，你會發現裡面有當初被你隱藏起來的力量和各種天賦，你就可以把它**

們重新收回來。」

曼谷的坤兒舉手問道：「圖特老師，你的意思是，彩蛋就像我們人生的各種困境，如果我們能夠面對它、穿越它，就能夠把我們的力量收回來，是這個意思嗎？」

大家一片讚嘆聲，覺得坤兒的智慧真的有所增長了。

圖特也很欣慰地說：「沒錯。但是你們人類現在正好反過來，看到彩蛋就躲，完全沒想到彩蛋裡面有為你準備的最好禮物哪！」

圖特又加了一句：「下堂課，我就告訴你們如何從彩蛋當中收回自己的力量。」

32

生命遊戲開始 你永遠不會輸

當你勇敢面對人生的「彩蛋」，從諸多彩蛋當中收回你原先埋藏的力量和天賦，那麼你就變得非常有力量，這個物質世界的限制對你而言，就不是個問題了。

幸雄打開電腦，看到向東也在線上，立刻丟訊息問候。

「你好嗎？」然後是一朵大大的紅玫瑰。

向東輕快地回覆：「很好啊，你呢？還在玩線上遊戲嗎？」

幸雄說：「好久沒玩了，自從你跟我說癮頭上來的時候，可以試試『情緒療癒』的方法，我發現十次裡面我可以有五次放下要玩的念頭，而去觀照自己當時無聊或自我價值低落的負面感覺。如果還是玩了，我也就隨它去，什麼時候想停就停。」

「然後呢？」向東關心地問。

「然後，想玩的次數就愈來愈少啦。你的菸癮呢？」幸雄打了一個大大的問號。

「早就沒啦。**當你願意去面對自己內在的情緒時，就不會用傷害自己的方式掩蓋這些感覺了**。」向東感慨地說，「真希望我早點學會這個就好了，不知道現在我的肺有多黑了！」

「沒事啦，」幸雄安慰她，「你還年輕嘛！」又送了一個大大的香吻給她。

向東突然問：「你覺得圖特老師說的生命遊戲怎麼樣？」

「嗯，乍聽之下，我是有些反感。不過後來就像他說的，你能有什麼損失？我就聽下去了，愈聽還愈有感覺。因為之前在我人生最低潮、最痛苦的時候，我就覺得人生沒有必要過得這麼苦，一定還有別的方法來度過我們的人生的——現在終於找到了答案。」

向東說：「是啊，以前我很悲情的，覺得自己是個受害者，因為我的幸福都操在別人手上，自己毫無能力選擇。現在讓我看到一絲曙光，覺得好像真的可以收回自己的力量，來過一個不一樣的人生。」

幸雄沉默了一會兒，突然說：「我離婚了。剛去簽字，把孩子的監護權給他媽了。」幸雄加上一個嚎啕大哭小人的表情符號。

向東心裡想，這個人！說到這種事還是這麼不正經，不過嘴上還是安慰他：

「哦，那你一定很難過？我為你感到遺憾。」

幸雄停了一會兒說：「還好啦，已經有心理準備了。我相信圖特老師的下一堂課一定對我很有幫助。」

「是啊，真的很期待，如何從彩蛋，也就是人生問題當中，贖回我們的力量！」

「下次見嘍！」兩人互道晚安。

圖特的課一路上下來，每堂課的氣氛都不一樣。今天教室裡就是充滿期待的緊張氣氛——不知道圖特又要石破天驚地揭露一些什麼祕密了。

可是，一上課就先殺出了一個程咬金。

澳洲的麥克在圖特一踏進教室就問：「圖特老師，請問一下，如果我們達到你說的遊戲的最終目的、知道自己是誰了，那是什麼樣的狀態呢？」

圖特看看麥克，決定不先保留了。「我之所以還沒有提到這個，是因為那是一個以你們現在的意識層次來說，會很難理解的境界。那個境界有點像中國的孔老夫子說的『從心所欲而不逾矩』，你們可以自由發揮自己的創意和專長，在這個二元對立的物質世界隨意揮灑，想要什麼就有什麼，有點像最近你們地球上很流行的說法：心想事成。[10]」

全班聽了鴉雀無聲，大家都很難想像那是一個什麼樣的境界。

圖特笑笑。「你們可以試想看看，**當你勇敢面對人生的彩蛋，從諸多彩蛋當中收回你原先埋藏的力量和天賦，那麼你就變得非常有力量，這個物質世界的限制對你而言，就不是個問題了**。只要你想得出來、你想要的，都會顯化出來，因為你已經找到了自己的源頭，汲取了它無限強大的力量——那真是一個隨心所欲、隨便你玩的境界啊！」

向東舉手。「那麼，圖特老師，以你的說法，我們大部分地球人在有生之年，都沒有能夠到達遊戲的終點就已經陣亡了，不是嗎？有些人甚至連下半場都還沒碰到邊呢，他們依然抱持著受害者心態，無法看到彩蛋裡面的禮物！」

圖特笑笑，指指幸雄說道：「他很愛玩線上遊戲，你可以問問他，他打到最後一關之前要陣亡多少次？對他而言，只不過是一次 game over（遊戲結束）而已，難度愈高愈有挑戰性，也就愈好玩。對你們來說，又何嘗不是這樣？」

看到幸雄一直點頭，圖特又補充說：「而且，這是一個你們永遠不會輸的遊戲，因為它的目的就是娛樂，不是悲情、不是受苦。你們有絕對的自主權決定要不要再回來玩，但是，顯然大家都樂在其中，因為你看，地球上人口愈來愈多了。」圖特又笑了。

不過顯然大家還是沒有完全被說服。看著大家臉上的表情，圖特也理解地說：「我跟你們說過，第三階段不是人人可以上的。第二階段我們有將近三十人，現在只剩下二十個人不到，而你們又是我們在地球上精挑細選出來的。所以，這個觀念能為多少地球人所接受，我們並沒有過度樂觀。」

「呵呵，」圖特想想都覺得滿好玩的，「沒有關係。能接受的，就用這個規則去看人生、去體會人生、去創造人生；不能接受的，就還是用你們的老方法過生活。現在你們學會了觀察自己的思想，並且會用情緒療癒的方法對治情緒，這樣也可以解決你人生痛苦的百分之五十了。」

接著，圖特向眾人問道：「我們可以開始了吧？」

大家異口同聲地回答：「可以了！」

10.可以參考我的另一本著作《遇見心想事成的自己》。

33

自編、自導、自演的戲

接受你創造的幻相

你是不受時空限制的靈體，所以眼前的這個情境只是你在物質世界幻化出來的幻相，為的是要幫助你玩這個生命遊戲，好讓你從中贖回力量。

「好！」圖特說，「在你們能夠從彩蛋中收回自己原來隱藏的力量之前，你必須有一個顛覆性的概念轉變，那就是——」圖特拉長了聲調，「想像你自己在一部電影裡面。導演是你，演員是你，編劇是你，選角的人也是你，這是一齣你自編、自導、自演的戲。」

「這是什麼意思啊？」幸雄首先發難，「你是說，我的生命是我自編、自導、自演的？我活該事業垮臺，我活該離婚失去兒子，我活該玩股票賠光老本？」

「為什麼不可能？因為你想經歷這樣的失敗挫折啊，這是你在全知全能的宇宙意識狀態下無法體驗到的，不是嗎？而且在經歷這些彩蛋打擊的同時，你才能夠把當初你在玩這個生命遊戲之前藏匿的那些力量，全都贖回來啊！」圖特一口氣不停地解釋。

全班莫不搖頭嘆息，覺得這個想法真是令人難以接受。

香港的克里斯也舉手了。「老師，這麼說來，那些命運悲慘的人，像非洲飢餓的難民，或是從小就失去雙親的孤兒、中東國家飽受戰火蹂躪的可憐貧民，都是他們自己設計的遊戲的一部分嘍？這個說法太過分了吧！」克里斯說著說著火都上來了。

「如果遊戲裡都是父慈子孝、風平浪靜，那還有什麼好玩的呢？」圖特一點也不以為忤，心平氣和地解釋，「美國好萊塢最賣座的電影，哪一部不是情感充沛、劇情離奇、遭遇悲慘、峰迴路轉的啊？我再一次重申，你不必完全接受這個激進的觀點，但是僅僅接受它一半，你人生的質量都會有不同的轉變。」

看到向東嘴又要動，圖特立刻說：「我知道你想問什麼，到後面你自己就會知道什麼叫作接受一半，呵呵。」

曼谷的坤兒隨後舉手說：「那以後再看到那些遭遇悲慘的人，我們就可以袖手旁觀，然後說：『哦！那是他們自編、自導、自演出來的，沒有關係，不要理他們。』可以這樣嗎？」

圖特搖頭笑道：「隨便你。**你當然可以帶著慈悲心去救助他們，因為那是你的選**

擇。每個人都要為自己內在的平安負責，所以，當你看到這些人的悲慘命運，而心中失去平安時，即使知道這是他們的戲碼，你還是可以出手幫助他們啊！」

大家都無言以對了。圖特又繼續說：「好！有了這樣的基礎，當你在生活中碰到不如意的事情時，你可以先提醒自己：這是一個彩蛋，是我自己編造的劇情。然後就進行以下的步驟，把力量從它裡面贖回來。」

螢幕上閃出一長串文字：

首先，當你碰到人生的彩蛋時，一定會升起不舒服的感受。所以，這時候要做的事情就是：

①與其逃避這個不舒服的感受，不如深深地進入它，完全地感受這個不舒服的能量。這個時候要注意，不要用邏輯思考的頭腦來分析或判斷，就只是單純地去感受它（這個步驟是最困難的，需要巨大的勇氣和不斷地練習）。

②當你覺得它的力道已經到達最高點的時候，告訴自己它的眞相是什麼：它是你所創造的，是一個彩蛋，是你自編、自導、自演的劇情。要提醒自己：你是不受時空限制的靈體，所以眼前的這個情境只是你在物質世界幻化出來的幻相，爲的是要幫助你玩這個生命遊戲，好讓你從中贖回力量。

③對自己說：「此刻我就要從這個情境當中贖回我的力量。」試著去感受，在這個不舒服感覺的核心，有一股平安寧靜的能量。告訴自己：「我感受到這個能量流經過我的身體，在我的內在逐漸擴大、擴大……」

④再次提醒自己：「我是不受時空限制的靈體，我是最高宇宙的一部分，我擁有最高的力量，這一切都在我的手中。」進行這個步驟時，試著再把剛才讓你不舒服的情境帶進來，看看你是否可以處之泰然。如果還是不行，就要重複以上的步驟，讓這個不舒服的感受融入你的最高力量之中。

⑤對你的創造表示感謝。記住，你是一切情境的創造者，所以當你看到自己編造出來的各種人生戲碼和劇情時，別忘了給自己一些鼓勵：「我眞是一個偉大的創造者，這種劇情虧我也想得出來！」

「好！大家有什麼問題？」圖特輕快地問。

可能是驚嚇過度，全班居然沒人開口。

過了良久，向東還是發言了：「圖特老師，這……這管用嗎？」

圖特哈哈一笑。「奇怪，你不是覺得『情緒療癒』的方法很管用嗎？這些步驟不過就是更高段的情緒療癒。在這裡你可以看見，力量源頭就在你之內，不是在外面，這樣會更有威力的。」

圖特看大家還是沉默不語，他又補充：「記住，你愈是去抗拒你碰到的彩蛋，就愈增加彩蛋幻相的力道，那麼它對你而言就愈加真實。在這裡，你要是能夠心悅誠服地接受它是你創造的幻相，是你自編、自導、自演的創作，那麼它的真實性就會減弱，很快就崩潰瓦解了，而你也可以立即從中汲取你當初藏匿在裡面的力量。」

圖特提醒大家：「你們最好把這些步驟抄下來，熟悉一下它的方法和順序，在日常生活中備用。」他掃視全場一周，語重心長地說：「你們很快就用得上了。」

34

你的恐懼
贖回力量的練習

這是一個彩蛋！一大早就送上門的彩蛋，是向東自己編出來的，為的是要幫助她從中迎回她當初隱藏的部分力量。

向東又是一個人坐在早餐桌上，看著窗外北京初春的早晨，只是這次她沒點菸了。圖特的一席話讓向東頗有感觸。她覺得她是無法真的把眼前這一切——桌子、咖啡杯、花瓶等等——都看成只是幻相，但是當知道有這個可能性時，她的心似乎得到了一些安慰——至少你知道，這些東西不是永恆的，它們脆弱而短暫。而且這個可能性還可以擴大到「這一切都是一個你自己創造的遊戲」，即使半信半疑，好像也為人生帶來了不同的視野。向東靈光一現：「這是不是就是圖特老師說的『相信一半』呢？」向東對於自己的悟性這麼高頗為得意。

突然間，門外有些聲響，向東靠近大門傾聽，好像是兩個人在拉扯，說話帶著濃厚的鄉音，向東聽不太懂。這時，他們突然按了門鈴，嚇了向東一跳！

向東遲疑地打開內門，看見大門外站了一對衣衫襤褸的農民夫妻。看到向東，丈夫面有難色地說：「對不起，我……我愛人，想看看孩子。」

向東一聽，有如五雷轟頂。甜甜的爸爸媽媽找來了，他們要帶她回去了。向東辛辛苦苦養了五年的孩子，再也不會叫她媽了。一時之間天旋地轉，向東得扶著門才能站穩。

「你們……我……我們可不可以出去談談？」向東口齒不清，開始語無倫次了。她不想讓甜甜目睹談判的這一幕，所以提議帶他們出去談一談。那對夫妻老老實實地點頭答應了，向東急忙回房換了衣服，就帶著他們到樓下的社區公園裡坐著。

初春的清晨還有些涼意。這對夫妻顯然剛下火車，一夜沒睡，看起來頗為狼狽。

向東說：「我帶你們去吃個早點吧。」

夫妻倆堅持不要，女的開始流淚，男的就只會說：「我愛人想看看孩子。」

向東又開始驚慌，但隨即想到，這是一個彩蛋！一大早就送上門的彩蛋，是向東自己編出來的，為的是要幫助她從中迎回她當初隱藏的部分力量。想到這裡，向東安心多了。相信一半的確也有幫助啊！這對夫妻所說、所做的，都是向東早就幫他們編好的，他們只是照本宣科地演出而已。

「這樣吧，」向東又恢復了平時的鎮靜，「我先帶你們去那邊的早餐店吃個早點，你們在那裡等我。孩子還沒有起床，我要去準備準備，先跟她說一下，免得嚇到孩子。」

夫妻倆同意了，跟著向東去早餐店。向東先付了錢，交代他們別亂跑，她半個小時後回來。

進了家門，向東大大地喘了一口氣。她心裡還是有巨大的壓力和緊張，於是衝到書桌前，找出自己的救命筆記：

❶深深地進入這個感受。

向東仔細體會自己身體上的感受，她發現她的雙手在顫抖，心臟劇烈跳動，偏偏胸腔又很緊，讓她胸口好像有顆大石頭一樣地痛苦。她停在這裡，充分地去體會。

❷說出它的真相。

向東心裡想：是啊，這是個彩蛋，是個幻相，是我創造出來的。哪有這麼巧？一大早，而且就在上完圖特的彩蛋課的第二天？這個陰謀也太明顯了！

❸讀回你的力量。

向東安靜地坐著，繼續潛入那個巨大的恐慌之中。雖然頭腦已經認清了它的真相，但情緒上還是有強烈的反應。向東鼓勵自己不斷地進入那個感受中，試圖找到它的核心。突然間，她感受到有一股平靜的能量，跟這個恐慌的感受是並存的。向東驚訝地看著這個兩極的矛盾，然後告訴自己：「我此刻就從這裡迎回我失落的力量，我要迎接它回來。」

❹我是最高的力量。

向東讓內在那股寧靜的能量不斷擴展，一直到全身都可以感受到那股堅強定靜的力量，然後提醒自己：「我不是這個受時空限制的肉體，我就是最高的力量。」

❺對自己的創造表示讚賞和感謝。

向東停在這裡。她的確很佩服自己這麼有創意，在完全沒有任何預兆的狀況下，製造出這個讓自己心驚膽戰的戲碼，真是太厲害了！

做完這些步驟以後，向東覺得好多了，好像吃了一顆定心丸，身上感受到的不再是無力、恐慌，而是有股定靜、舒適的能量在流動。回頭一看，可愛的甜甜就穿著睡衣站在書房門口，正看著媽媽在幹什麼呢。

「過來，甜甜。」向東叫她。甜甜衝過來依偎在媽媽的懷裡撒嬌。

在心神安定下來之後，向東對於該如何跟甜甜開口，心裡已經有譜了。

向東不想欺騙甜甜，而且之前上「家族系統排列」課程的時候，海爺爺有提到領養孩子的問題。海爺爺堅持**每個孩子都要認祖歸宗，了解全盤的實情，這樣孩子的靈魂才會安定下來。表面上孩子也許不知情，其實即使在襁褓中就被領養的孩子，都對外在發生的事情心知肚明。很多被領養的孩子在情緒和行為上會產生偏差，原因就在此。所以，與其編織謊言，不如對孩子坦誠說明。**

向東看著甜甜說：「乖孩子，你知道媽媽很愛你，對吧？」

甜甜瞪著大眼睛，不知道媽媽為什麼突然變得這麼嚴肅，乖乖地點頭。

「但是寶貝，你不是從媽媽肚子裡生出來的，媽媽是從你的老家把你從你父母身邊帶出來的。」

甜甜困惑地問：「為什麼？」

「因為媽媽很想有個孩子，而生下甜甜的爸爸、媽媽雖然很愛很愛甜甜，但是因為他們很窮，養不了甜甜，所以幫甜甜找了一個好媽媽，讓甜甜可以過比較好的生活。」

甜甜嘟著小嘴，說道：「那我不要那個爸爸、媽媽了，我只要你，你是我媽媽。」

「是啊，」向東落淚了，「我也只要你，我不會讓你離開我身邊。可是你的爸爸、媽媽還是很愛你的，你還是可以看看他們，跟他們說說話啊！好不好？」

甜甜遲疑地點點頭。向東幫她換好衣服，然後說：「走，媽媽帶你去吃早點，順便看看他們！」

向東想都沒想到，一件以前會被她視為「天要塌下來」的大事，就這樣輕易解決了。那對夫妻看了甜甜，其實也沒多說什麼話，就打道回府了。向東知道他們看到甜甜過得這麼好，也很安心——畢竟所有的父母都希望自己的孩子能過最好的生活。看到甜甜開心幸福，夫妻倆非常安慰，而甜甜也似懂非懂地上了一堂成人課。「日後，」向東想，「還要帶甜甜回老家看看，認祖歸宗一下呢。」

35

我的彩蛋
面對威力強大的人生關卡

當你抗拒、批判你的創造時，你會賦予它更多真實性，只有在完全接納、讚賞的狀態下，這個幻相才會化解，而你可以重新贖回你的力量。

海峽另一端的幸雄可就沒有這麼幸運了。

這一天，幸雄和前妻、兒子坐在餐廳裡，這是他們一週一次的定期會面。以往幸雄都會說笑扮小丑，逗兒子開心，但是這一次，他卻一反常態，坐在那裡，青筋暴露，一言不發，顯然憤怒到了極點。曉菲不敢直視他，眼睛盯著地面。

只見幸雄咬牙切齒地說：「我反對！我反對你帶他去美國讀書！」

幸雄八歲的兒子已經很懂事了，看到爸爸這麼生氣，乖巧地說：「爸爸你別擔心，我會常常回來看你的。美國很好玩啊，小阿姨在那裡，我想跟他們住在一起。」

幸雄鐵青著臉，隱忍著不發作，晚餐就在這種一觸即發的高度緊張狀態中結束。最後，幸雄撂下一句話給曉菲：「我們下次單獨見面談這件事！」就離開了。

回到家裡，幸雄滿腔的怨憤無處可發，心不甘情不願地拿出上課的筆記，看看是否能夠有所幫助。

❶全然進入感受中。

這點幸雄可以做到，他已經怒火中燒了。他也知道這團火焰來自於自己的恐懼——失去兒子的恐懼。他們本來就不住在一起，已經夠疏離了，現在兒子又要搬到太平洋的彼岸，那幸雄一年可以看到兒子幾次呢？他的胸膛更加緊繃了，怒火熊熊燃燒，好像全身都開始發燙了。

❷告訴自己它的真相。

是啊，這是幻相，知道它是個幻相又怎樣？眼前這一關就是過不了啊！幸雄也知道它是一顆彩蛋，搞不好還是圖特精心策劃出來的呢！不，這是幸雄自己的傑作，但是，幸雄痛恨自己的這個創造！

❸ 贖回力量。

圖特說，當你抗拒、批判你的創造時，你會賦予它更多真實性，只有在完全接納、讚賞的狀態下，這個幻相才會化解，而你可以重新贖回你的力量。但是，幸雄真的不喜歡自己的這個創造，他對自己當下的情緒完全無法接受，當然也無法從中贖回力量。

❹ 整合不舒服的感受。

幸雄試著用類似情緒療癒的方法告訴自己：你是不受時空限制的靈體，這是你的創造，你有無限的力量，可以創造出你想要的情境。圖特也說了：「彩蛋讓你不舒服、讓你痛苦的強度愈大，就埋藏了愈多力量——就像線上遊戲一樣，怪獸愈兇猛、愈難殺死的話，你消滅它之後就會得到愈多分數。」可是，幸雄擔心、恐懼失去兒子的情緒如此強烈，幾乎完全淹沒他的理智，情緒療癒此時好像都不太管用了。

然而，幸雄倒是可以讚賞自己的創造。「我本來就是個天才。」幸雄想，「但是，我真的，真的，痛恨自己創造出這樣的情境。」主要的原因是，幸雄完全無力招架隨著這個創造排山倒海而來的恐懼和憤怒，所以，他根本無法接納，甚至面對自己的這個創造。

幸雄被徹底打敗了。他打開酒櫃，拿出所有的酒——把這些痛苦交給酒精來解決吧，他承受不住了。

在小船艙和幸雄碰面時，向東立刻看出幸雄的不對勁：兩眼無神，頭髮雜亂，頭低垂著。她關心地問：「你怎麼了？」幸雄一言不發，精神萎靡，完全變了一個人。

圖特這時走進來，看到幸雄的情形，忍不住微微笑道：「幸雄，卡住了啊？」

向東著急地問：「圖特老師，他怎麼了？」

圖特說：「你們兩人資質都很好，但幸雄這次接收到的彩蛋，威力比你的大上數十倍，他有點招架不住了。」

幸雄看到向東這麼關心他，心裡有些安慰，終於開口說話了：「我前妻要把孩子帶到美國去念書。」

向東「哦！」的一聲，心裡著實為幸雄感到難過。

忽然間，幸雄抬起頭對圖特說：「我知道這是我創造出來的一個彩蛋，想讓我從中收回自己隱藏的力量。我也知道我不是這具血肉之軀，我的真實面貌要高超多了，但是，但是……」幸雄在此打住，不知道該怎麼接下去。「我……我無法面對排山倒海而來的負面情緒，怎麼辦？」

圖特柔聲地開口，就像在安慰一個跌倒之後正在哭泣的孩子：「我了解，我了解，你需要一個對治療負面情緒強而有力的工具。」

接著，他突然轉身對向東說：「向東，下個週末你到臺灣去。」

向東聽了大吃一驚。「去臺灣？大陸人要去很難耶。」

圖特回答：「不用擔心，我會安排。你陪幸雄去上一堂課，會讓你們受益無窮。」

第二天上班，向東驚訝地發現，公司居然早就安排好要她去臺灣參加一個海峽兩岸的人力資源研討會，而且就在圖特老師指定的那一週。向東決定多請兩天假，去上圖特老師介紹的課程，同時看看幸雄出生、成長的地方。

她用簡訊通知了幸雄，海峽那端的幸雄總算帶著些笑意地回覆：「太好了！我去機場接你！」

36

平安喜悅在哪裡？

由內在解脫煩惱

很多人以為只要他們能掌控生活中的大小事情，就可以高枕無憂了。但事實上，無論你如何控制外在的人、事、物，只要你內在的動盪和戰爭不消弭，你就無法獲得永遠的平安和喜悅。關鍵就是這個「內在」。

幸雄的凌志跑車在臺北近郊的新店山路上奔馳著。向東好奇地一直向外張望，她覺得臺灣的山真是美麗，那麼青翠，那麼油亮滋潤，跟北方枯燥斑黃的山景全然不同。

幸雄則是一肚子納悶，圖特怎麼會指引他到這個鳥不生蛋的地方求教？求教於誰啊？他上網查了資料，什麼中嶺山禪院黃庭禪[11]，奇怪，居然叫他來學禪？幸雄需要的不是枯禪，而是情緒的管理和對治啊！

11.克里斯多福·孟是我二〇〇八年得到的最佳禮物，而二〇〇九年初，老天又給了我一個大禮物——黃庭禪。這裡談到的觀點，是我參加黃庭禪的禪修班，以及看黃庭禪的創辦人張慶祥的書總結出來的。我建議在臺灣的讀者一定要找機會去體驗一下這套方法。黃庭禪的網站：http://www.htz.org.tw。

帶著滿腔的疑惑，幸雄將車子滑進中嶺山禪院的停車場。

向東一下車，就被周圍環繞著的滿山翠綠給吸引了，這裡真美啊！

幸雄隨後下車，看到雲霧繚繞、居高臨下的美麗風光，也張大了嘴。沒想到距離臺北市區一個小時車程的山裡，居然有這麼美麗的風景。

禪院的志工人員看見他們到了，熱忱地表示歡迎。安排好住宿，穿上灰撲撲的禪服，幸雄坐在禪堂當中，覺得自己儼然是個有道行的修道人了。

剛開始，助教們解釋了這兩天閉關禪修的大致作息。幸雄一聽五點就要起床，差點站起來走人，但隨即一想，也不過就是一、兩個早上嘛，忍耐一下就過去了。

在眾人的期待下，中嶺山禪院的創辦人張講師終於出現了。向東打量這位年紀不大的禪師，他看起來最多四十來歲，清臞的面孔，炯炯有神的雙眼，說話的時候嘴角和眼梢都在微笑。

連幸雄也感受到從張講師的內在流露出來的喜悅和自在，這是他衷心嚮往的。幸雄不由得坐直了身體，靜心聽他說話，像個等待老師發落的小學生。

張講師開口了。他首先問候大家，並解釋自己不姓黃，而是姓張，「黃庭禪」是他所創的。接著，他直截了當地說：「很多人來到這裡，都是想追求內心的平安和喜

悅。其實，這是我們人類最大的一個困惑，我們也稱它為『迷思』。」

他看到正襟危坐的幸雄，就問他：「你的平安喜悅發生在哪裡？內在還是外在？」

幸雄老老實實地回答：「內在！」

「好！」講師又問，「那麼，當你失去了你的平安和喜悅，是在外面失去的，還是在內在失去的？」

幸雄還是像小學生一樣乖乖地回答：「內在！」

「很好。」講師點頭。「那，如果你想找回你失去的平安和喜悅，是要從外面找，還是在內在找？」

幸雄已經變成一隻鸚鵡了：「內在！」

「沒錯，但是你們看看，」講師無奈地說，「世界上的人每當內心有痛苦和負面情緒時，他們是往內心去尋找安寧呢，還是試圖去擺平外在引起他們情緒波動的人、事、物？」

幸雄想到那天晚上，他真是氣得差點動手打他的前妻曉菲，顯然他認為如果把這個障礙消除了，他就可以獲得平靜。

講師繼續說：「很多人以為只要他們能掌控生活中的大小事情，就可以高枕無憂了。但事實上，無論你如何控制外在的人、事、物，只要你內在的動盪和戰爭不消弭，你就無法獲得永遠的平安和喜悅。關鍵就是這個『內在』！」

「所以，」講師朗聲地說，「**讓我們煩惱不堪的罪魁禍首，不是外在的境遇或腦袋中的想法，也不是身體的感受，而是來自我們的內心！**」

向東已經忍不住了，她舉手發問：「講師，你說的我也同意，但我們的煩惱有時的確是因外境而起的。比如說，前一分鐘我坐在這裡好好的，然後我突然想到下週我有一個重要的會議必須做準備，我會立刻感到焦慮。又比方說，如果此刻我的肚子突然痛起來，那麼，從我來到這個山上之後所感受到的平靜與喜悅，立刻就會化為烏有，不是嗎？」

向東清晰的邏輯和爽朗的京片子，引起不少同學的矚目，也有很多人點頭附議。幸雄坐在一旁，覺得挺驕傲的。

講師帶著嘉許的眼光看著向東。「你說得沒錯。但是你有沒有想過，你的這些反應都是在無意識之中日積月累養成的積習？而且對你而言，它們並不是最好的、有意識的選擇？比方說，你的焦慮能讓你現在就去準備會議所需的資料，或是讓你準備得更好嗎？你為肚子痛煩惱，會讓它比較不痛嗎？」

向東若有所思地搖搖頭。

講師轉向大家，問道：「當那些外在的境遇都被你們擺平之後，就再也不會有煩惱了嗎？看看那些要什麼有什麼的人，他們真的不再煩惱了嗎？」

有人在臺下小聲地回答：「比爾．蓋茲也有一堆煩惱。」

講師點頭說：「好！如果今天我們課程的主題是在探討『引起煩惱的原因』，那麼『外境』當然是必須探討的主角之一。但是別忘了，今天我們探討的主題是要去除『煩惱』，而不是聚焦在去除那些引發煩惱的原因上，因為引發煩惱的原因永遠也解決不完！」

幸雄搔搔頭問：「可是……如果不去除引發煩惱的因素，那我的煩惱不是會一再地發生嗎？」

「**從外面去除讓你煩惱的誘因，**」講師解釋道，「**即使有所收穫也是短暫的。但是如果可以做到內在就沒有煩惱，那就可以一勞永逸了。**舉例來說，一個體弱多病的人，就算再怎麼努力防範任何可能引發病痛的外因，效果還是不如增強自己的免疫力；當內在有了抗體之後，外面再多的病菌都不會對你造成任何妨礙。因此我要教導的方法是，讓你的內在不再被『煩惱』捆綁，而當這個從內在解脫的能力成熟了，不論外境如何來襲，你的內在絲毫不會受到捆綁。因此，『由內在解決』才是最釜底抽薪的終極辦法。」

此時，禪堂裡的四十位同學臉上都露出了無限嚮往的神情，講師看了就說：

「在這兩天的閉關禪中，我會讓你們體會到這種境界，哪怕只是短短的三秒鐘，各位也就值回票價了！」

37

拿槍的禪師
觀黃庭的氣機起伏

用平等心來感受你黃庭的起伏震盪，不要附加任何想法或價值判斷上去，也就是說，不要有分別、取捨。你不必喜歡它，也不必討厭它，它只是我們身體上自然的氣機震盪，怎麼來，怎麼去。

接下來的課程中，助教播放了一些介紹黃庭禪基本觀念的教學影片，幸雄這才知道，黃庭真的不是人名，而是古人說的一個身體部位，就是胸口的正中央。在放映片子的過程中，幸雄很驚訝自己沒有預期中的昏昏欲睡，反而興致盎然，因為所謂的黃庭禪，居然就是情緒管理的究竟方法，正好切合幸雄的需求。

基本上，黃庭禪的觀點是：無論我們當下升起的是哪一種情緒，也無論你當時覺得哪裡不舒服（頭痛、背緊繃、脖子僵硬、腿痠痛），所有的情緒都會在你的黃庭中造成氣血的波動。情緒本身是無礙的，造成我們痛苦的其實是我們對它的抗拒——再縮小範圍來說，是我們對黃庭中氣血動盪感到不安才造成痛苦、煩惱的。

講師在影片中引經據典地證明中國的古書中，有多處記載了「黃庭」，而它的位置就在我們胸口正中央、兩乳中間、大約一寸見方的那一小塊區域，深入皮下幾寸。

讓幸雄覺得有趣的是下面這一段話：

人們總以為情緒是由腦中的想法所引發的，然而這只是一部分的原因而已。想法必須有黃庭中一丁點的氣血起伏互相配合、推波助瀾，才能成為煩惱。如果少了胸中這一丁點感受，腦袋再怎麼想，也不會成為煩惱的。例如你的腦袋告訴自己不要生氣、不要生氣，但是如果胸中的氣血一直起伏不定的話，這腦袋中的想法是沒有用的，你還是照常生氣，一直要等到氣血平復之後，才能平靜下來。

反之，若是你的胸中很平靜，你卻一直告訴自己要生氣、要生氣，如果胸中氣血不配合，再怎麼裝也無法讓你眞正生氣的。由此可知，在情緒的領域來說，腦袋中的思想，或是你所聽見、看見的，都只是配角而已，情緒眞正的主角是胸中潮起潮落的氣血，不是別的。

「這是真的嗎？」幸雄心想，如果煩惱的關鍵就只在於我們胸口的這一點氣血的起伏，那麼對於幸雄來說，真是天大的好消息啊。只是，只是，這胸口的起伏要怎麼樣去感應啊？如果感受到了，是不是用情緒療癒的方法來消除它呢？

幸雄滿腔疑問，恨不得立刻找個人來問問。他偷看一眼坐在女生區的向東，瘦弱的向東此刻包在大大的禪服裡，顯得格外嬌小。

向東則是興奮之情溢於言表。畢竟受過唯物主義的薰陶，向東覺得這種把看不清摸不著的情緒，解釋為肉體感受得到的氣血震盪的說法，實在太有幫助了。如果這是真的，那麼從情緒煩惱的枷鎖當中解脫出來，也是指日可待了。

好不容易又盼到講師出現了。講師一上臺就說：「很多人來到這裡，都說他們感受不到黃庭。所以在這短短的兩天裡面，我們除了提供一些基本知識外，最主要就是幫助大家感受黃庭。

「黃庭，就是很多人說的心輪，古人所謂的『方寸大亂』，那個方寸，指的就是黃庭。」他看看大家，然後繼續說：「你們現在可以試試看，呼出一口氣之後，盡量先別吸氣，到了非吸氣不可的時候再吸，看看有什麼感覺。」

幸雄試了。當胸口已經憋不住的時候，他猛然吸氣，居然嗆了一下，咳了半天。張講師看到幸雄的窘樣，諒解地笑笑：「沒關係，慢慢來。剛才那個叫你吸氣的就是黃庭！」

語畢，他居然從桌上的一塊布下方拿出一把大衝鋒槍。幸雄心想：「這真是奇怪了！這個禪師上課拿的不是禪棒，居然是這麼大的一把槍！」

張講師挺著槍，告訴大家：「這是一把空氣槍，被打到的時候會有強烈的氣感，但是不痛。它的聲音很大，」說著他就砰砰地連開兩槍，嚇了向東一跳，「會讓你的黃庭很不舒服。我現在就來訓練你們觀黃庭。請大家圍個圓圈站好，背對著我。」

學員們就像等著上刑場的人一樣，乖乖地圍成一圈，講師拿著槍在中間繞著圈子走。「我走路的時候會發出腳步聲，走到你附近時，我可能會給你一槍，也或許是給你旁邊的人一槍。沒有關係，就把注意力放在你胸口的正中央，看看它有什麼起伏。」

幸雄心口怦怦直跳，剛才要他吸氣的地方也是這裡，難道這就是黃庭？才這麼想的時候，講師就在一旁說了：「如果你覺得黃庭跳得很快，那其實不是黃庭在跳，是你的心臟啦！黃庭的感覺比較細微、含蓄——緊緊的、麻麻的、熱熱的、癢癢的。」

話音一落，講師一槍打在幸雄身上，幸雄感覺自己的胸口一緊，然後能量向四周散開，隨之而來的，是高度緊張之後的鬆弛，因為講師已經走遠啦。

向東則是感覺那種緊張、恐懼是在自己的四肢，手腳冰涼而且發麻。當講師的腳步聲靠近時，真的有那種又驚恐又期待的痛苦，胸口正中央也是緊繃到不行，讓她很不舒服，甚至想逃離現場。

這時講師的聲音又響起了：「**用平等心來感受你黃庭的起伏震盪，不要附加任何想法或價值判斷上去，也就是說，不要有分別、取捨。**你不必喜歡它，也不必討厭它，它只是我們身體上自然的氣機震盪，怎麼來，怎麼去。就像天上的白雲一樣，讓它自在，你就會自在。」

於是向東開始觀照自己黃庭內的動靜。她發現，一旦能夠以不批判的心看著胸口的激盪起伏，那麼雖然她的黃庭隨著老師來來去去的腳步而起起伏伏，卻跟她——這個觀察者——毫無關係。她可以用一種超然的立場來看待這些氣血的波動，感覺好極了！原來，自己的恐懼和憤怒等負面情緒，都可以這樣拉開距離來看待！

38

相同的感受，不同的標籤

內在不安的起源

當你的心為你的身體覺受貼上不好的標籤時，你就會受到外在情境的控制而不能自己。

「剛才你們很多人都已經體會到了黃庭的動盪，現在我們要進一步地告訴你們，怎麼樣去接納黃庭的動盪，並與之和平共處。」講師繼續苦口婆心地教導。

「很多心靈成長或心理勵志的課程都鼓勵大家，在感受到內在的不安之後，用各種方式去平撫你們的負面情緒。你們的經驗如何呢？」講師問。

「是啊，」幸雄立刻回答，「我以前學過一種情緒療癒的方法，就是教我們用呼吸去安撫自己的負面情緒，然後呼求光和愛來整合它。」

「效果如何呢？」講師問。

「相當不錯，只要不是太強烈的情緒，應該都能被平撫。」幸雄就事論事地回答。

向東也不甘示弱，在旁邊說：「還有一種方法，可以讓你從這個負面情緒當中找到你的最高力量，並且贖回它。」

「非常好，這些都是很有效的方法，而且，這表示你們已經有一定的基礎了。」講師很欣慰。然後他說：「你們都聽過禪宗五祖的弟子神秀和六祖惠能的故事吧？」

臺下有的人搖頭，有的人點頭。

「好！我簡單地說一下。」講師清了清喉嚨，「五祖要把他的衣缽傳給後人時，請大家作偈，也就是作詩，來看看每個人對於我們心性的真相，究竟了解多少。」

他向大家提出挑戰：「他的大弟子神秀作了一首偈，誰會背？」

一位梳著兩根辮子的女孩舉手答道：「身如菩提樹，心似明鏡臺，時時勤拂拭，莫使惹塵埃。」

「很好。」講師點頭，「那麼六祖惠能寫的是什麼呢？」

一位坐在第一排的光頭男生舉手說：「菩提本無樹，明鏡亦非臺，本來無一物，何處惹塵埃？」

「啊，」講師故意誇張地說，「你們現在該知道為什麼五祖把衣鉢傳給惠能了吧？神秀和惠能兩個人的境界真的差太遠了。」

幸雄反思了一下：「講師是否在暗示，以前我們學的那些招數，都是在『時時勤拂拭』的層次呢？」

「好，我現在就來證明給你們看，為什麼是『本來無一物』。」講師愈說愈興奮，「我希望你們都能夠了解到一個事實：**黃庭那個一寸見方的小小區域裡面的氣血動盪，其實本無意義，它不過是一些氣的流動，也就是能量的流動罷了！它的意義——好、壞、喜歡、不喜歡——都是我們的頭腦加上去的。**

「比方說，如果你去研究這心頭方寸之間氣血的微微起伏變化，你會發現它的物理性：熱、冷、脹、縮、緊、癢、痠、麻等。學過量子物理的人也可以拿所學來印證，這些能量的變化不過是粒子（組成物質的最小元素）來來去去的波動造成的，本身不具有任何意義。這也就是『本來無一物』的真義啊！

「**而我們煩惱的起源，就在於對自己胸口中央方寸之間的那個氣血起伏，有了貪嗔分別的心**。這是什麼意思呢？」

說到這裡，講師問大家：「最近有沒有人經歷了很強烈的怒氣？」

幸雄很得意地舉手。講師看著他說：「好，你來描述一下，你生氣的時候有什麼感受？」

幸雄傻眼了。他生氣的時候就是生氣，恨不得揍人，哪有時間去「感受」什麼東西啊？

講師看他欲言又止，就幫了他一把：「你回想一下，當時有沒有感受到胸口有一股很熱、很悶，而且速度很快的氣血往上湧呢？」

「是的，」幸雄想起那個晚上，「而且呼吸急促、心跳加快。」

「好，」講師再問，「那當你跑完幾公里，是不是同樣感覺呼吸急促、熱血沸騰呢？」

「是的。」幸雄回答，但答得有點心虛，因為大學畢業以後，他就沒再跑步過了。

「那麼，如果你要上戰場，為了護衛國家而戰，你的身體是否也會有相同的感受？」

「是的！熱血沸騰，但求英勇捐軀！」幸雄當兵的時候有過這樣的豪情。

「以上三種感受體現出來的物理性其實都一樣，但是，你對它們的詮釋不一樣，也就為它們貼上不同的標籤，是嗎？」講師又問。

「是的。」幸雄想想，一五一十地回答，「跑完步以後心情很爽，為國而戰會覺得很驕傲，而生氣的時候則想揍人。」

「嗯，**當你的心為你的身體覺受貼上不好的標籤時，你就會受到外在情境的控制而不能自已。**」

幸雄拚命點頭，表示這就是他面臨的狀況。

講師繼續說：「但是如果這個時候，你能把注意力轉向內在，把你感受到的能量或氣的溫度、速度、壓力的級數，和慢跑時的感受比對一下，只比較物理性質，而完全不理會外在引發你情緒的境遇，那麼每個人都可以在微微變化的氣血中得到優游自在的。」

幸雄好像看到了一絲曙光——那麼是不是從今以後，每當讓他煩惱的思緒再度興起，他只要回觀黃庭，並允許任何氣血波動的存在，就可以活在寧靜之中了呢？他把這個問題提了出來。

張講師微微一笑。「理論上是如此。但是，當外境升起的時候——就像剛才向東舉的那些例子——你很難不去攀附它們，並且認為它們才是造成你不愉快的主要原因。」

「那我們該怎麼辦？要如何增進我們實行黃庭禪的能力呢？」那個好學不倦的向東又發問了。

39

讓心頭能量自由流動

黃庭禪的實踐步驟

靜坐的時候，你把所有注意力都放在觀心上面，這時你會經歷各種感受和妄念，這就是練習黃庭禪的最佳時機。

「好！」大家的好學讓講師很欣慰，「我會慢慢跟你們分享的，這就是我在這裡開山破土、創辦中嶺山禪院的原因。」

接著，講師這樣比喻：「如果把黃庭禪想成古代的一種神功，那麼它的招式就是以下幾個步驟。」他放了一張投影片給大家看。

黃庭禪的實踐步驟：

①認識心情（當下有什麼情緒？）

②感覺心情的位置（能否在黃庭感受到？）
③看清心情的組合（能量、氣的形態究竟為何？）
④看清心頭能量的真相本無意義（它只有物理意義和級數）
⑤學習讓心頭的能量自由自在地流動（觀自在）

「現在大部分同學都已經到第三步驟了吧？你們應該感受得到黃庭究竟是癢還是麻，是緊還是鬆，是熱還是沒感覺。記住，沒感覺也是一種感覺，那就叫『麻木』，呵呵。」講師笑道。

「再跟你們說一下第四步驟談到的級數是指什麼。」講師伸出拳頭來，「我現在用全力握緊拳頭，這是十級；又比方說，你的手可以放在火爐上而不被燙傷的那個溫度，也是十度。那麼你就可以以此為標準，去檢驗你黃庭緊綳及熾熱的程度。你要看清它只有物理意義，而沒有好壞對錯。

「另外，大家再看看這張投影片。」

實行黃庭禪的阻礙：

①感受不到心情（可以先從大的情緒開始去感受）

②找不到位置（可以用手摸摸看，不過別去摸別人的！）

③看不清組合（可以試著將各種能量的形態對號入座——是癢、麻、鬆、緊，還是熱？）

④無法維持能量的清真（無法放下批判的分別心，無法用平等心觀照）

⑤在日常生活中使不出來

幸雄看了心想：「啊！我就是會卡在第四步驟上面吧？嗯……這個時候，把發生的事情看成幻相，或者承認是自己創造出來的，倒是有些幫助呢！」

講師說：「這些都是初學者會遇到的阻礙，不過沒關係，只要多加練習，你們自然會每日進步，總有一天神功練成，你們就真的刀槍不入啦！」

有些同學會心一笑，向東也是信心滿滿。這個太對她的胃口啦，雖然呼求愛和光的確也能為她當時的負面情緒帶來安慰，但畢竟還是在「時時勤拂拭」的層次，這個黃庭禪卻能提供真正究竟根本的解脫之道。

而且向東也認為，如果卡在第四步驟的話，把外在讓我們失去平等心的境遇看成是自己的創造或幻相，還是挺有用的——這點倒是跟幸雄心有靈犀。因為，當你理解，這個外在的境遇有可能是個幻相的時候，就比較容易放下心頭那個因外境而起的情緒牽掛，進而了解這個情緒的牽掛只不過是一丁點氣血的起伏罷了！

「好了！」講師宣布，「我們現在要進入基礎功的階段啦！」看到臺下學員不解的眼光，講師笑道：「所謂的基礎功，就是剛才那位同學提的問題——如何加強你們實踐黃庭禪的能力。我們用的方法就是：靜坐。」

幸雄一聽到靜坐，頭就大了。他本身就像個過動兒，幾分鐘都坐不住，要他呆若木雞地坐在原地，真是比登天還難。耳邊，講師的話還在繼續：「**靜坐的時候，你把所有注意力都放在觀心上面，這時你會經歷各種感受和妄念，這就是練習黃庭禪的最佳時機。**」

看到幸雄面有難色，講師體貼地說：「沒關係，我會慢慢引導你，如果坐得不舒服可以換姿勢。」

接著，他又轉向全班同學，說道：「各位要知道，為什麼靜坐會增加你實踐黃庭禪的能力？因為在靜坐的過程中，當你感受到妄念紛飛，或是腿痠腳麻的時候，你可以觀察在黃庭一竅中有什麼樣的氣機起伏、氣血動盪，然後練習你的平等心——就只是純然地觀察它們，不加任何標籤或想法。」

這時，禪堂中響起優美空靈的音樂，講師敦厚沉穩的聲音也隨之而出：「現在我們要開始黃庭禪坐了。你可以用任何姿勢盤腿坐著，也可以直接坐在椅子上，但不要靠著椅背。」

幸雄只好乖乖坐著，感受自己心裡的那份無奈。

時間一分一秒過去，他的右腿愈來愈麻，幾乎到了無法忍受的地步。他想起講師的話：「盡量不要動。記住，沒有人因為靜坐一、兩個小時而受傷的。如果痛，就看著那個痛，看那個最痛的點有多深、多熱、多緊、多痠，只看它的真相，不要把自己的好惡附加上去。」

幸雄已經開始有點齜牙咧嘴了，他此刻還真能感受到黃庭的動盪不安。接著他又聽到講師說：「觀察身體各部位的感受自不自在，而不是你自不自在。」

「這可奇怪了，」幸雄心想，「我這麼不自在，你還能自在嗎？嗯，如果換過來，我讓你自在，我是否就能自在呢？」

幸雄決定讓他的腿麻個自在，看看究竟會發生什麼事。當他做出這樣的決定之後，他發現腿的麻是真的可以獨立存在，而不必影響黃庭的。更奇怪的是，當他允許它麻個夠時，那個麻的感受居然消失了，但幸雄並沒有因此感到暢快，因為他發現這下子換他的背開始劇烈疼痛——背上有個點痛得真厲害。

禪坐結束時，幸雄已經在腿麻、背痛和膝蓋痠之間來回「奔波」了好多次，一點也沒感覺這次的禪坐竟然持續了五十分鐘。想起剛才經歷的酸甜苦辣，幸雄想，這真的很像我們的人生呢！

40

在鋼索上感受恐懼和平靜

學會與負面情緒相處

回觀黃庭，看清你的恐懼只不過是胸口氣血的波動而已。跟它和平共處，不要抗拒，不要打壓，不要轉移，不要深呼吸，就是跟它好好在一起。

第二天，一個美麗的中嶺山清晨，向東站在禪堂前面的大草坪上，看到從隔壁山谷裡的翡翠水庫飄來了大量雲霧，就像瀑布一樣席捲而來，美不勝收。向東覺得自己真的好幸福、好快樂。雖然她知道人生的道路沒有平穩無憂的，但是她真的已經求到了好多件法寶，讓她能夠一路平安無虞地回家。

接下來的課程中，講師居然帶他們到室外的教學臺，要他們走雙索。

所謂的雙索，就是兩根粗的鋼索上下平行地吊著，走在上面的人，腳踏著下面的鋼索，雙手抓住上面的鋼索，然後走八十公尺的距離，而雙索最高的地方有四層樓高。

懼感。

幸雄一看腿就軟了。他可不想在向東面前丟臉，但他真的從小就有懼高症，這⋯⋯這該如何是好？講師一再保證這個遊戲很安全，因為每個人身上都有掛索，如果失足了，大不了就是掛在鋼索上。但幸雄怕的不是那個——他就是對高度有恐懼感。

大家輪流上去，一個接一個。講師拿著擴音器在下面提示大家：**「回觀你的黃庭，看清你的恐懼只不過是胸口氣血的波動而已。跟它和平共處，不要抗拒，不要打壓，不要轉移，不要深呼吸，就是跟它好好在一起。」**

終於輪到幸雄了。他的臉色慘白，雙手雙腳開始不由自主地顫抖，連助教都問他：「你還好嗎？你確定要上去嗎？不用勉強哦。」幸雄正在考慮時，斜眼瞥到向東已經完成第一回合，正高高興興地走過來要準備嘗試第二次，幸雄想也不想就上去了。

一開始，幸雄就癱在出發點，動彈不得。講師在遠處也看到了，開始心戰喊話：「不要停留在原地，往前走，看清恐懼的真相，研究它的物理性，了解它不過就是氣血的震盪。你可以的，幸雄，你可以跟它和平共處的。」

在講師一路的加油打氣引導下，幸雄咬牙走完全程。下來時，他全身發軟，手腳無力，全身的衣服都濕了。從下面抬頭往上看，幸雄真的不敢相信自己確實在那樣的高度上走完了全程。在恐懼的淫威之下，他踏出的每一步都極其緩慢，但至少，他做到了！

講師鼓勵他：「繼續，繼續第二次。這次，你試著更加認清楚它的真面目，對它說：『來吧！儘管來吧！』」

幸雄決定再試一次。這一次比上次好多了，他真的可以看著自己的恐懼，跟它和平共處了。不是靠深呼吸或自我激勵，也不是呼求光來救他，幸雄就是不帶偏見地跟恐懼共處，允許它存在，還勇敢地跟它說：「來吧，儘管來吧。」

走到中間某一段的時候，幸雄突然停下來，好久不動，後面一堆人都被他擋住了。講師耐心地等待，最後還是忍不住問他：「幸雄，你怎麼了？」

幸雄突然大喊：「怎麼會這樣？我同時感到恐懼和平靜，它們都在。好奇怪哦！」

最後一段路，幸雄覺得他的恐懼好像已經變成了他的好朋友，隨時陪伴著他，但是由於幸雄不再抗拒，恐懼再也無法阻礙他的行為——恐懼還是存在，只是幸雄已經不怕它，可以和它相安無事地共處了。

走完兩次雙索，幸雄心裡有說不出的成就感。他真的做到了，不是藉由克服恐懼，而是學會了與它共處！

兩天的課程結束了，和講師及志工人員道別後，幸雄和向東依依不捨地下山。在這塊這麼美好的人間淨土中，學到這麼寶貴的東西，他們決定了：下次一定還要再來！

送走向東之後，幸雄回到家第一件事，就是打電話給曉菲。

曉菲一聽是他，遲疑了一會兒。

幸雄開口了：「曉菲，我對你的決定很不滿意。」幸雄一邊說，一邊密切地回觀自己的黃庭。「我是很不希望孩子這麼小就到國外去，不過你是他的監護人，你有權決定，我無法干涉。」

幸雄自己都驚訝他能如此鎮定地把話說完。雖然黃庭偶有晃動，但是他放開了胸懷，允許任何感受存在。

電話那頭停了很久都沒有聲音，幸雄以為曉菲掛電話了。「喂、喂！你還在嗎？」

「咳！我還在。嗯，幸雄，我正要告訴你，我想了想，孩子的確是還小，也許等他上國中或高中的時候，我們再商量這件事吧。」

掛了電話，幸雄不可抑制地一直又跳又笑，然後習慣性地回觀黃庭，發現黃庭中的氣血動盪不已，同時有一種癢癢的酥麻感受。呵呵，這個黃庭！幸雄搖頭。

41

實驗已然成功了
發現真正的自己

每當生活出現問題，或是有負面情緒升起時，都是一個大好機會，可以幫助你進一步發掘你的舊傷，進而讓你看到自己真正的面目。

向東和幸雄又在小船艙見面了。兩人都知道，這趟外太空之旅，應該已經接近尾聲了。

向東告訴幸雄那天清晨在中嶺山看見雲瀑的感覺，幸雄了解地點點頭說：「我們真的都是受到祝福的！」兩人相視而笑，但又覺得離情依依，相對無言。圖特正好走進來，還故意咳了一聲，提醒那兩個忘我的人注意到他的存在。

「怎麼樣，向東，你的臺灣之旅如何？」圖特問道。

「很好啊！」向東瞅了幸雄一眼，「臺灣小吃很好吃，那個什麼蚵仔煎……」

「我是問你黃庭禪學得怎麼樣啦！」圖特故意逗她。

「啊！黃庭禪，」向東回過神來，「很好！很好！真的太棒了，跟你教我們的東西可以完美地結合！我發現，在頭腦的層面，我是可以試著把外境看成幻相，這並不難。但是，我們常常會痛恨自己的創造——應該說，我們是痛恨因自己的創造而引發的情緒！」向東又看了幸雄一眼，後者忙不迭地點頭附議。「所以，當我們無法跟自己的情緒共處時，就是該使出黃庭禪功夫的時候了——**把因外境而起的負面情緒與自己分離，看清它只是心頭氣血的一點動盪，因而可以不帶分別心地去與它共處。**」

「這樣一來，」幸雄接口，「你就很容易從困境當中贖回你的力量，並且發現你真正是誰！」

圖特看他們兩個一搭一唱，還真是登對，欣慰地點點頭說：「非常好！」然後他示意阿凸投射一份文件到牆上給他們兩人看。

「還記得嗎？」圖特問，「個人責任的承擔表。你們現在是在哪一個層次啊？」

①這個問題是××造成的，我只是個無辜的受害者。

②都是因為××，事情才會變這樣，但我必須為這個問題善後。

③這個問題的產生我也有責任，但我就是這樣，我也沒辦法。

④生命中這種事情很常見，我就是需要忍耐，睜一隻眼、閉一隻眼地混過去。

⑤這個問題真讓人難受，老天啊，幫助我面對它吧。

⑥這個問題不是誰的錯，而我的內在有力量，能夠用有助於自己成長的方式來面對它。

⑦這是我的潛意識吸引來（或選擇來）的問題，我其實可以為自己選擇更好的東西。

⑧我創造了這個問題，我可以賦予它任何意義。現在，我選擇將它轉化，並從中獲取我的力量。

幸雄看看這個熟悉的表格，一看到第一個層次，就不禁笑了。「我還真的是從這裡開始的。」然後他拍拍胸脯，「我怎麼感覺我現在已經到了第八個層次啊？」向東看他一眼，笑著說：「我也這麼覺得。」又連忙更正，「我是說，我也在第八個層次了。」

「哈哈！」圖特開心地笑了，「你們兩人都是好徒弟，有了黃庭禪的幫助，更是如虎添翼。你們現在就好像武俠小說裡的高手，不但學了各種招數，內力也愈來愈深厚，真的可以隨心所欲地玩生命的遊戲啦！」

但是向東還有問題：「圖特老師，我們在第一和第二階段學了一些技巧，好像進入第三階段以後就不需要了，是嗎？」

圖特搖搖頭。「不是的，你們在每個階段學習的，都是很寶貴的療癒方法，對提升意識非常有幫助。」圖特幫他們複習一下，「第一階段練習回觀自我，看看自己的想法是什麼，並且做投射的作業，收回對他人的投射。這些都是非常重要的基礎功夫。」

向東和幸雄點頭同意，他們要不是做了投射的功課，到現在可能還是仇家呢！

「第二階段是要療癒舊時創傷，一念之轉、家族系統排列，還有平衡你的男女特質，也都不是一次就可以完成的工作，必須在生活中不斷地去體會、練習。」圖特提醒他們，「記住，**每當生活出現問題，或是有負面情緒升起時，都是一個大好機會，可以幫助你進一步發掘你的舊傷，進而讓你看到自己真正的面目。**」

圖特想了想，又說：「至於何時該用這些不同的方法，則取決於你們本身的意識層次在哪個階段。雖然你們已經進入了第三階段，可是也許有一天心情特別不好，第三階段的東西根本使不出來，那麼你們可以回到第二，甚至是第一階段去尋找救援，幫助你們化解煩惱、提升意識層次。」

圖特又強調：「這也就是說，如果有時候你無法體會到『本來無一物』的境界，『時時勤拂拭』還是派得上用場的。」

幸雄和向東恍然大悟，真誠地向圖特道謝，也謝過了阿凸。

圖特搓搓手，開心地說：「這次人類意識提升的實驗，可以說是相當成功，你們兩位尤其可以作為典範。華人人口眾多，如果少部分人的意識能夠提升，對整個地球就有相當重要的影響。」

圖特欣慰地看著兩人，又繼續叮嚀：「你們回去要試著幫助周圍的人，讓大家也能跟你們一樣，逐漸看清這個世界的真相，或者說，幻相！」

幸雄和向東對看一眼，不約而同地問：「那我們可以從哪裡開始呢？」

圖特哈哈一笑，促狹地說：「你們可以從素食開始！」

幸雄一聽到素食，差點從椅子上掉下來。「素……素食？這跟意識提升有什麼關係啊？」

42

親愛的，我們上當了
拯救地球的生命遊戲玩家

你們在玩個人的生命遊戲時，地球也配合你們玩一個遊戲，姑且稱之為「地球遊戲」吧！

「當然有關。」圖特嚴肅地說，「意識層次比地球人類高的其他生物，全都是吃素的。這還不重要，重要的是，看看你們的地球吧！再這樣污染下去，你們就要失去家園啦！」

「不、不會這麼嚴重吧？」向東沉聲問道。

圖特正色地說：「由於溫室效應，你們北極的冰層會在幾年內全部融化，到時會為地球帶來不可想像的災難。而污染地球最嚴重、造成溫室效應的最大罪魁禍首之一，就是畜牧業和養殖業——為了人類的口腹之欲而飼養動物的行業。」

幸雄愣愣地看著圖特，好像在聽天方夜譚。

「但是，」圖特停頓了一下，「吃素是非常個人的事，絕對不要勉強。你們也不要一回去就敲鑼打鼓地強迫周圍的人都要吃素，重要的是宣揚肉食對地球造成的破壞，以及為人類健康帶來的威脅，這樣就可以了。當然，」圖特強調，「你們要在生活中身體力行在這次太空實驗中學到的東西，成為其他人的榜樣，做個精采、傑出的宇宙玩家！」

幸雄興奮地大叫：「宇宙玩家？哈！我喜歡！」

向東看到幸雄如此忘形，不禁也興奮起來。兩人帶著充滿希望的心情，再次真誠地謝謝圖特。

看著窗外的滿天星斗，向東和幸雄心裡明白，他們永遠不會忘記這一趟太空之旅。

「太空之旅真的結束了嗎？」週末的下午，女兒去同學家參加生日會，向東一個人在家，不明白自己為何還是覺得若有所失。

突然，她的手機響起簡訊的聲音。她一看就笑了，是幸雄傳來的：「親愛的，我要送一份禮物給你，你趕快把家裡的地址告訴我。」

向東把地址傳給幸雄，心裡想，不知道這傢伙葫蘆裡又在賣什麼藥。

不久之後，門鈴響了，向東開門一看，門外站的居然是幸雄。

讓幸雄進來以後，向東吃驚得說不出話來。「你……你……不是要送禮物嗎？」

幸雄笑著說：「是啊！我就是那個禮物啊！我們餐廳的幾個合夥人決定要來北京開個素食餐廳，而我就是他們的駐京辦主任啦！哈哈！」

向東笑得燦爛如花，幸雄忍不住把她抱起來，在客廳當中打轉。向東在幸雄懷裡開心地手舞足蹈，往窗外一看，窗前那幾棵樹的樹梢已經冒出嫩綠色的葉子，啊，春天已經爬上北京的枝頭了！

「黃庭！黃庭！我的黃庭受不了啦！」向東在幸雄快速的旋轉下已經暈了。

「就跟它好好地在一起，不要抗拒，不要有『昏』別心。」幸雄學著張講師的臺灣國語，不疾不徐地回答。

北京盛夏的週末傍晚，向東和幸雄兩人依偎在沙發上，甜甜在一旁開心地堆著積木。甜甜堆了一棟特別高、特別陡的樓房，然後叫道：「爸爸、媽媽，你們看！」

向東和幸雄還沒結婚，只是幸雄認甜甜作乾女兒啦。兩人轉頭的同時，積木應聲而倒。甜甜呆了一下，還沒來得及選擇如何反應，向東就笑了，幸雄也跟著笑，甜甜看著爸爸媽媽的表情，也開懷地笑了起來。

「沒事，沒事，」向東安慰她，「倒了就倒了，我們再蓋一棟！」

幸雄好像有什麼東西被觸動了，低頭沉思。突然間，他抓住向東的手叫道：「親愛的，我們上當了！」

向東無可奈何地看著幸雄，不知道他又吃錯什麼藥了。「上什麼當啊？」

「圖特說這個世界是我們的遊戲場，是我們創造的，可是他卻一本正經地叫我們要保護環境、要吃素，還說什麼他們來拯救地球，免得我們人類把地球毀了，這不是自相矛盾嗎？」

向東也如大夢初醒：「是啊，說我們是無所不能的靈體，結果搞到連地球都混不下去了！」向東跟幸雄在一起久了，說話也愈來愈白。

兩人正在懊惱之際，電視螢幕上突然出現圖特的影像，他還在哈哈大笑呢！

甜甜嚇了一跳，投入媽媽的懷抱。

「兩位好！」圖特愉悅地跟幸雄和向東打招呼。「哦！應該說三位好！甜甜你好！」

幸雄愣在那裡說不出話來，還是向東反應快：「圖特老師，我們正要找你呢！」

「可不是嘛，我耳朵癢了！」圖特搧了搧他那一對招風大耳。

幸雄這才回過神來，「你聽到我們的問題了？」

「嗯，是的，呵呵！」圖特忍俊不禁。「你們很聰明啊，雖然拖了這麼久才看出這個矛盾，也不錯了啦。」他還是很讚賞兩人。「你們玩人類遊戲是自己玩，但就像線上遊戲一樣，也有遊戲是兩個人玩，甚至多人玩的，不是嗎？」

幸雄點點頭，想起自己那段沉迷電玩的日子，好像是上個世紀的事了。

「你們在玩個人的生命遊戲時，地球也配合你們玩一個遊戲，姑且稱之為『地球遊戲』吧！」圖特好整以暇地說，「地球遊戲的上半場，就是要看看你們這些在這個地方玩生命遊戲的地球人，究竟可以把地球整到什麼地步——破壞生態、耗盡資源、倒行逆施。」

聰明的向東接口：「而下半場就是要看我們這些不斷回來玩個人遊戲的玩家，能否拯救地球免於毀滅的命運？」

圖特哈哈一笑：「你果然聰明啊！」誇完向東，他又繼續說下去，「參與這個遊戲的玩家正要開始積極拯救面臨極大危機的地球，你們就在這個節骨眼上，而你們兩個人做得很好啊！加油吧，我們有緣再見了！」

語畢，圖特竟然立刻消失了。向東和幸雄大吃一驚，連忙叫道：「圖特，圖特老師！你什麼時候再回來看我們啊？」

電視螢幕又突然出現圖特毛髮稀疏的光頭。「別忘了，我也是你們創造出來的啊，哈哈哈！」

笑聲還在房裡迴盪，可是圖特這次真的走了，向東和幸雄悵然若失。

甜甜天真地問：「那個叔叔是誰啊？他長得好怪哦！他說的是什麼遊戲啊？我可以玩嗎？」

幸雄回答：「那個叔叔是電視裡面的假人，不是真的。他說的遊戲你已經在玩了啊！」

語罷，幸雄把甜甜抱起來，舉得高高地在空中繞圈，說道：「就這樣玩，開心地玩！盡情地玩吧！哈哈！」一家三口同時大笑。而他們的笑聲中似乎加入了圖特的笑聲，在這個小空間中盪漾開來。

心靈療癒
20問

關於自我療癒

・心靈問答・
01

最近，我總莫名其妙地覺得焦慮，常常有恐慌的預感，整日憂心忡忡、心煩意亂、坐臥不寧，也不知道什麼原因，我自己分析主要是每天重複同樣的工作，很心煩，覺得生活沒有任何意義。

恐慌和焦慮是因為你沒有與自己的內在智慧建立一種正確的關係。你的靈魂，或是說你內在更高的智慧，想要指引你往不同的人生方向走，可是你忽略它的聲音，還是日復一日、庸庸碌碌地過著毫無意義的生活。你有沒有在夜深人靜的時刻傾聽自己內在的聲音，聽聽它想要表達什麼？你有沒有在一個不經意的片刻覺察到自己內心深處的渴望？如果你一再忽略它們，你就會感覺到失落與悲傷，如果你壓抑這些情緒，你自然會感受到恐慌和焦慮，因為有一股強大的、負面的情緒暗流在你的內心，你不讓它們浮上表面，它們就會以恐慌和焦慮的方式呈現。

建議你平時多找時間接觸自己的內心，安靜下來，什麼都不要想，找個沒人的地方和自己好好相處，聽聽你的內心深處到底要跟你說些什麼。同時，在生活中，你也要注意哪些人、事、物是能夠讓你快樂和喜悅的，要特別撥出時間來接觸它們。從你的自述看來，你的工作沒能滋養你的心靈，所以你也許要考慮試著在工作上找到樂趣和意義，如果真的都沒有，那你可能要考慮換工作。不要因為惰性和對未來的恐懼，失去了生活的樂趣和意義。你的狀況就在告訴你：你需要採取行動了！

‧心靈問答‧ 02

有人告訴我說要愛此刻的自己，告訴自己很好、很棒，不需要做什麼改變的時候，我很困惑。我想這是在告訴我要活在當下，接納現在的自己，但如果要告訴自己不需要做改變，我覺得很矛盾，因為我就是覺得自己不夠好才要看書，才要學習成長的方法，如果讓我覺得自己很好，不需要改變的話，是否意味著什麼都不用做了呢？

你是完美的嗎？所有的心靈成長類書籍和大師都告訴我們：我們是完美的。可是，我們怎麼感覺不到？我的書《遇見未知的自己》裡面有提到，我們從小的生長環境、所受到的教育，在我們的身體、思想、情緒以及對外在世界的認同等各個層面上製造了太多傷痛，讓我們看不見自己的完美。

我們看到的是：我是懶惰的、自私的、無用的、無價值的等等，反正所有你自己或別人為你貼上的標籤，都烙印在我們的內心之中。在意識層面，你會承認嗎？你當然會否認。「我哪裡懶惰了？那是因為××，我才不懶呢！」或者，表面上說：「我懶惰，那又怎麼樣？」但自己在心裡卻是抗拒、排斥自己的懶惰的。

就是這種對自身缺陷的排斥和抗拒，讓我們更加遠離自己的中心，讓我們看不見神——也就是自己內在的真我。所以我們要做的就是：接納自己所有的面向，真正地臣服、接納。然後，這股平和的能量就能穿越種種障礙，讓我們找到那個真正的自己，也就是完美的自己。

我不建議用肯定句來催眠自己，因為光是「補」，沒有「瀉」，怎麼補得進去呢？「瀉」就是要讓自己內在那些黑暗的東西能夠見到陽光（帶到意識層面上），更重要的是，獲得你的接納。要知道，你最不想面對自己內在的那一部分，正是能夠帶你回家的最佳工具。

所以，你什麼都不用做，只是要去「看見」和「接納」，但這已經夠你忙的了！

・心靈問答・
03

我總感覺我不夠愛自己，那要怎樣才能愛自己呢？

除非你知道這一世只是你作為永恆靈體在時間中旅行的其中一世，否則你很難去愛自己。你人格的所有面向，無論好的壞的，都與你的本性無關，它們都只是你在物質世界旅行時，選擇表達的面向。想要快樂並接納自己，你必須與自己的陰暗面為友，看到自己身上那些惹人討厭的不堪部分，以愛心和慈悲對待它們，就像對待自己的孩子一樣。

所有的負面，包括虛榮、嫉妒、脆弱、虛偽、黑暗、報復和仇恨，都只是我們二元性人格其中一邊的面向而已，當你承認、坦白並接受它們，它們就會向你展露你自身另一面的美好——純潔、善良、完美的那個部分。經由看見、接受、坦承自身的惡，我們才會認識、體會、活出自己的善。

・心靈問答・
04

我對未來感到很迷茫，請問，我到底要怎樣才能知道自己想要什麼？

我覺得，想知道自己要什麼，必須先體會自己心和腦的不同。有時候，我們覺得自己做出一個理性的抉擇，但後來事情的發展卻不盡如人意。所以我們要做的是：跟隨你的心，英文叫「follow your heart」。我們的腦子裡充斥了太多來自家庭、學校、社會和朋友從小就灌輸給我們的「應該」，所以常常失落了與自己內在的溝通，因而不知道自己要什麼。

其實，最簡單的檢驗方式就是觀察你的感覺。你非常喜愛、能帶給你由衷的快樂和喜悅的事物，就是你真心想要的。那個會讓你怦然心動、呼吸加速、亢奮不已的東西，就是你想要的。有些人和自己的情緒脫了節，感受不到自己的喜怒哀樂，這時候，你可以多注意自己的生理反應。如果想到一件事情就皺眉頭，或是胃部不舒服，那麼你就知道你的心不在此處；如果想到某件事時覺得心頭暖暖的，甚至有種輕鬆的感覺，那麼這就是你想要的了。

總而言之，檢驗標準之一是情緒，之二是身體。另外，如果你對自己不了解，你怎麼可能知道自己到底想要什麼呢？「了解自己」是一段漫長的旅程，你有一輩子的時間，不著急的。

・心靈問答・
05

每次在心靈成長方面有了某些收穫之後，我都很想去拯救別人，時間久了，覺得這樣的自己很煩。為什麼我老是想著要去幫助別人呢？

幫助別人是助長小我的一個方法。幫助別人時，我們會有個錯覺：我比你好，因此可以幫助你。而且，我們可以暫時忘卻自己的煩惱，因為人家比你還糟糕呢！看清楚這一點之後，我們還是可以幫助別人，但動機可能就不一樣了。

另外，我感受到很多人小時候很想拯救父母（父親或母親一方），可是，他們當然拯救不成。於是長大以後，會不由自主地想去拯救別人來彌補童年的遺憾，這都是小時候的行為模式。其實，我們的內在有一個很可憐的小孩，需要我們去拯救，但我們常常忽略他，於是這個動力就會導向外在，去拯救其他的人。

・心靈問答・
06

該如何讓自己的內心和外在的身體處於一致？我的狀況是：心裡有某個想法，但實際去做的時候，卻往往不一樣。

我們常常做出身不由己的事，或者無法控制自己的思想，這是因為大部分時候（對很多人來說則是一直如此），我們都是由無意識在操控的。所以，靈性成長這條路就是要幫助我們翻開無意識裡的一塊塊「石頭」，看看到底是哪些信念、哪些模式在控制我們的行為，進而控制我們的一生。我的身心靈三部曲——《遇見未知的自己》、《活出全新的自己》和《遇見心想事成的自己》——就是在幫助大家做這樣的練習。

想要了解自己，不是光靠讀一本書就可以的，你必須實際去操作書上教的那些方法，試著在生活中的每個片刻去實踐。只是坐在這裡痛苦是沒有用的，一定要起而行！

另外，讓身心一致的最好方法，就是鍛鍊。你愈能掌握自己的身體，就愈能控制自己的行為。當然，意識覺知的加強也很重要，我曾說過，各種好的鍛鍊，包括做禮拜、打太極、練氣功、打坐、站樁、瑜伽、念經、持咒、禱告、聽靈性音樂、和自己或大自然在一起，都可以幫助你提高意識的覺知，減少痛苦。

・心靈問答・07

別人愈誇我，我就愈膽怯；愈說我好，我就愈覺得自己缺點多，配不上這樣的誇獎。我覺得很糾結、不舒服。我到底該怎樣克服這種自卑？

每個人的心裡都住著一頭「怪獸」，這頭「怪獸」一直威脅著我們，所以只要一看到它的蹤影，我們就立刻逃之夭夭。而你心裡的「怪獸」，就是「我不夠好」的自卑情結。

你說的問題都是自己內在的糾結。你聽到別人稱讚你，那頭「我不夠好」的「怪獸」就出來了，你因而感到害怕，於是告訴自己：「我缺點很多，我不夠好。」彷彿這樣做就可以避免面對心中那頭「怪獸」。你所需要做的，就是像《綠野仙蹤》裡的桃樂絲一樣，有勇氣去揭開帷幕後面的真相，看到螢幕上的那個大怪獸只不過是個小老頭。

你必須鼓足勇氣，當別人稱讚你——也就是那頭「怪獸」出來的時候——不要用你現在的慣性模式去逃避，而是要看著那個人，真誠地說「謝謝你」。雖然你心裡很不舒服、很不習慣，腦袋裡也許有千百個聲音在吶喊：「你不夠好！他騙你的！他不知道你的真實面目，沒看到你的缺點！」但你可以對這些聲音微笑著說：「我聽見你們了。」然後回到自己的中心，找到那個微弱的、一直被你忽略的聲音——「他說的是真的，我就是這麼好。」然後去認可它、贊同它。這需要很大的勇氣和覺知。

你是想要做自己慣性的奴隸，一輩子畏畏縮縮地在自卑的陰影下生活，還是願意踏出勇敢的一步，改變自己？這是一個需要你做出承諾的決定，加油！

·心靈問答·
08

對渴望的事物非刻意的想像是一種祈禱嗎？我常常覺得困惑，不知這樣的想像是不是在逃避當下。為什麼我會經常想像自己被殺死的場景呢？我對待負面情緒的方式讓我覺得有些迷惑。

想像那些場景時，你可以試著用正面的想像蓋過去——想像被殺死的是「小我」，不是真正的自己。但同時，你也要去審視你為什麼對自己如此暴力。試著對自己溫柔、慈悲一些。我們每個人都是心想事成的大師，你的想像超過十六秒就會變成祈禱。

「當下」是什麼？你與自己的源頭連接之際就是當下，而任何把我們帶離自身源頭的其他事物，都是對當下的一種抗拒。負面情緒不是要你去「殺死」的，你可以請求光和愛這種高振動的頻率來整合那些低振動的頻率。

關於人際關係

・心靈問答・
09

如何與「小我」超級強大的人相處？尤其當這個人是你的至親，碰到一生無法回避的狀況時，我該怎麼辦？

至親的「小我」強大，他必定也觸痛了你的某種模式，也許你要先療癒自己。但是，在療癒好自己之前，你可以不必製造太多與對方相處的機會。另外，我摘取《修練當下的力量》中的一段話與大家分享：

當你感覺內在出現了負面性，無論那是由於外在因素、某個念頭，甚或是你不知道是什麼的原因而引起的，把它視爲一個提醒自己的聲音：「注意！要專注在此時此地。醒過來！跳脫心智，保持臨在。」

即使最輕微的煩躁都很重要，你需要去察覺並觀察，否則一些未受觀測的反應就會累積下來。

而一旦了解你的內在不需要這個毫無價值的負面能量場，你也許可以就此放下它，但要確定你是完全放下了。如果無法放下，就接納它的存在，並把你的注意力帶到它所引發的感受上。

除了選擇放下負面反應，你也可以藉由想像自己是透明的，讓造成這個反應的外在因素穿透你，而讓這個負面反應消失。

我建議你先從小事，甚至微不足道的事開始做練習。比方說，此刻你安靜地坐在家中，突然間，對街傳來刺耳的汽車警報聲，煩躁立刻升起。這個煩躁的目的是什麼？當然什麼也沒有。那你爲什麼創造它？你沒有，是心智創造的。這是完全自動化、完全無意識的反應。

爲什麼心智要創造煩躁呢？因爲心智無意識地認爲它對這個噪音的抗拒（就是你經歷到的負面性或某種形式的不快樂），好像可以瓦解這個令人不快的狀況。這當然是一種錯覺，因爲心智所創造的抗拒（在這個例子中就是煩躁或憤怒），比它試圖瓦解的那個最初的肇因要煩人得多。

這些都可以轉化爲靈性修持的機會。

在剛剛提到的那個汽車警報聲的例子中，你可以感受自己變成透明的，沒有一個固體的肉身。然後你就允許那個噪音或任何引起你負面反應的因素穿透過你，這樣它就不會在你的內在衝撞到那面堅硬的牆了。

如同我說的，你可以先從小事開始練習，例如汽車警報聲、狗叫聲、小孩哭鬧、交通堵塞等。與其在內在樹立一面堅實的抗拒之牆，讓它總是痛苦地被一些「不應該發生的」事情衝撞、打擊，不如讓所有事物穿透你。

如果有人對你說了一些很沒禮貌或刻意要傷害你的話，與其進入無意識的反應和負面性，如攻擊、防衛或退縮，倒不如讓它正中目標地穿透你，不做任何抗拒，就好像此地無人可被傷害一樣。這就是寬恕。如此一來，你就百害不侵了。

你當然還是可以選擇這麼做：告訴那個人，他的行爲是不被接受的。但是那個人不再有控制你內在狀態的力量，於是你有了自主權，而不再受制於人，也不會被你的心智掌控。無論是汽車警報聲、粗魯的人、洪水、地震或失去你所有的財產，所面臨的抗拒機制都是一樣的。

· 心靈問答 ·
10

我的母親老是要干涉我的感情。我曾有一個很喜歡的男朋友，母親知道後，逼著我非分手不可，理由是他是鄉下人。後來，我母親以自己的標準替我找了個男人，一開始我不同意，她就哭著、喊著，非要撮合不可。我試著和對方交往後，發現那男孩人不錯，才剛有了點好感，我母親又開始在我面前說那人的壞話，說他的人品如何不好。現在居然又託朋友替我介紹新男友……

你母親的心理問題在於，她透過你活出她自己的生命。她這樣做當然不對，因為她雖然把你帶到這個世界上來，卻沒有尊重你是一個獨立的生命個體。從小到大，她對你應該都是管東管西、指手畫腳的，什麼都要聽命於她。你從小被剝奪了自主權，沒有劃清自己的界限，所以讓母親一再地越權來侵犯你。

還是孩子的時候，你無能為力，現在你是成人了，必須學會建立自己的內在力量，收回自己生命的主控權，否則，你在工作上會不斷碰到壓榨你的老闆、剝削你的同事，朋友也會利用你、不尊重你，當然，你的另一半一定會和你母親一樣地不尊重你，主宰你的生命和生活方式。

這個時候，你可以試著溫柔而堅定地和自己的母親或另一半說：「不！」剛開始，你會經歷恐懼，因為你面對母親時，小時候那種依賴母親生存的恐懼心理會浮現，但這是幻相，你不要被它嚇到。

接下來，你會感到愧疚，因為你的母親會不習慣百依百順的女兒突然有了自己的意見，她會試圖用威脅、哭鬧，甚至生病等方式來奪回她的操控權。這時候，你必須保持堅定，但是可以充滿愛地告訴她：「媽媽，我已經長大了，你必須尊重我的生活方式，不可以這樣干涉我的感情生活。」如果你能學會面對自己的愧疚和恐懼，就可以逐漸收回你生命的自主權。

•心靈問答•
11

我生下來就被親生父母送人了，這件事我從小就知道，也和親生父母有聯繫，但我一直無法接受，也沒有叫過他們「爸爸」、「媽媽」。直到今年我上了一些課，那些老師總是說要找到自己的系統，接受自己的父母。然而，我的頭腦都知道、都明白，內心卻很排斥，反而比以前更逃避了，覺得要叫他們「爸爸」、「媽媽」讓我很為難。我想知道，我該如何跟「陌生」的父母相處？

現代人所有的心理問題都來自於自己內在的不成熟，不肯長大。你的內在小孩拒絕面對現實、拒絕原諒，如果你任由內在小孩做主，就會出現這樣的行為。你可以在自己的內在找到一個成熟的、理想的父母聲音和特質，試著去滋養他們。一開始，你會很不習慣，因為他們的聲音很微弱，你從來沒有去培養他們。但是，如果你能試著回觀自己，在自己內在深處找到這個成熟的、負責任的聲音，把它的音量調大，漸漸地，你會有更多的內在空間。然後總有一天，你會成為一個願意為自身命運負責的成熟人，而不是一個受傷害的小孩。

•心靈問答• 12

我對孩子的管教很嚴，要求他從小就必須遵守各項規矩。現在孩子上小學了，特別守規矩，但也很膽小，缺乏創造力。這跟我的教育方式有關嗎？如果是，我應該放鬆對他的限制嗎？怎樣做才能培養他的創造力？

你有自知之明，知道自己嚴格的管制讓孩子缺乏創造力。在你眼裡，孩子是你的物件，你可以操弄他，要他按照你的方式生活、做事、呼吸，然後現在你又嫌他沒有創造力，想要操弄他，讓他有創造力。

講到這裡，我希望你不要自責，因為顯然你是非常愛孩子的，想要給他最好、最安全的，所以才會不顧一切地想要控制他。你的父母或許也是這樣對待你，因此你就繼續這麼延伸到下一代去。或者，你的父母並沒有這樣對待你，讓你覺得有所缺憾，所以你想要盡力做好母親的角色。這些都是捆綁你手腳、也捆綁你孩子的人生程式，你必須親眼目睹它的錯誤和失敗，進而願意改進，放你孩子自由。

出於恐懼感、對這個世界的不安全感，以及無知與盲目，我們想要控制生命中的一切，以為這樣可以規避風險、保障安全。但是你仔細看看、好好想想，這是真的嗎？這樣真的就保障安全了嗎？你會發現，也許某個部分安全了，但另外一個部分又出問題了。就像你的孩子，我相信你的嚴加管教讓他有很多恐懼，因此造成了他的膽小和缺乏創造力。但反過來說，也許這是他的天性，你卻無法接受，還想改變他。

誰說孩子一定要大膽、一定要有創造力？你是教育孩子的大師嗎？你說的、想的就一定是正確的嗎？如果你能停止對孩子的控制，讓他自由地做自己，也許你會驚喜地發現他其他美好的特質，否則這樣下去，你是在殘害孩子。

・心靈問答・

13

生活中總會發生很多不好的事情，身為父母，我們是否可以對孩子報憂？

我的看法是：視情況而定。如果孩子的心智夠成熟，到了一定的年齡是應該讓他們參與，了解一些家庭危機（例如：祖母生病、父親的工作有問題、我們可能會搬家等），但是父母的態度要理智而明確，這樣可以帶領孩子學習應該用什麼樣的心態從容面對危機，並做好準備。這完全要看父母本身的成熟度，以及接納不如意事情時的寬容度，才能做好這項工作。如果父母本身還在驚慌失措，那就別告訴孩子這件事，免得加重他們的心理負擔。

另外，有些父母會把孩子當成垃圾桶，將上一代的恩怨（例如婆媳問題等）絮絮叨叨地說給孩子聽。最惡劣的就是在孩子面前抱怨自己的另一半，把苦水往孩子身上倒，在孩子身上加諸負面能量，那麼，孩子心裡受到的創傷是無法彌補的。

過早把自己的憂愁和痛苦向孩子傾訴，會造成孩子出現以下問題：

①孩子很願意為父母分擔憂愁，但畢竟年紀太小，做不了什麼事，所以父母的傾吐會變成他們沉重的負擔，而且充滿無力感，進而導致孩子覺得自己沒用。

②孩子都想拯救父母，看到父母滿懷哀愁，他們會用各種不同的方式來提供幫助，有的用偏差行為（離家出走、蹺課）、有的用生病（是的，孩子有辦法讓自己生病）來緩和家裡的氣氛，轉移注意力。

如果你愛孩子，那麼還是那句老話：把自己修好。你快樂了、有處理困境的能力了，孩子都看得見，然後就會向父母學習。這是很大的修行動力吧！

‧心靈問答‧
14

我的父母從小就不斷地告訴我有哪些缺點要改正，所以我一直都很自卑，很需要別人的讚揚。現在，我就經常不斷地讚美我的小孩，希望他能夠變成一個自信、健康的孩子。可是，我看到你在文章裡面說：「從小她父母就不停地讚美她很乖、很懂事，沒想到這對孩子來說也是一種傷害。因為，為了符合父母的期望、達到他們的理想，以贏得或『符合』他們的讚美，她的童年其實提早結束了。」我又有點困惑了。我們到底該不該讚美孩子呢？

當你讚美孩子時，是否有一個隱藏的目的——希望他能夠因為你的讚美而更加努力、表現傑出？如果你只是接納他本然的樣子，因而讚美他，這是沒問題的。不要把讚美當成操控孩子的工具，把孩子當一頭驢，在他面前掛一根胡蘿蔔，這是一種傷害。還有，你在父母身上看到的那些特質，其實你都有，只是被你壓抑了。貪、嗔、癡也沒什麼不好，但是當你壓抑、拒絕它們時，它們反而會在你的生活中製造問題。

·心靈問答·
15

我有個同事總是一臉不高興，說話特別臭，動不動就抱怨，貶低這個、攻擊那個。其實他對我還算友好，但我非常討厭他。我這是怎麼了？我又該怎麼做才好？

人與人之間的交往不是看表面，而是看能量。這個人攜帶的能量你不喜歡，所以下意識地排斥、討厭他。他的能量可能和你的母親或父親近似，而這樣的能量曾經帶給你許多傷害（甚至是現在進行式），所以你看到他就不舒服。

另外還有一個可能，就是「陰影」的投射。你自己內在也有那些缺點，你很不喜歡，所以壓抑下去，以為自己已經沒有那些毛病了，沒想到在別人身上看到，所以格外憤怒、憎恨。

如果是第一種情形，那就表示你內在那個受傷的「小孩」被觸動了。所以，在每一個被觸動的當下，你必須在心裡好好安慰、照顧那個受傷的小孩。你只要把注意力轉到自己身上，對內在那個受傷的脆弱部分說話，安慰、鼓勵它，就會慢慢平靜下來。這樣一來，你也許就可以從一個更客觀、公平的角度來看待你的同事，看到他的痛苦和不安全感。然後，也許你會升起慈悲心，對他產生憐憫之情。

如果是第二種情形，你可以參考我在這本書裡介紹的整合陰影的方法，學習接納自己、承認自己，這樣就不會把自己內在的東西投射在別人身上。這個世界的人、事、物都是一面鏡子，映照著我們的內在。勇敢地為自己的內在感受負責，是非常重要的。

關於兩性問題

·心靈問答·
16

我現在二十八歲了，但我總是不敢去愛，害怕打開心扉，一察覺到別人對我有點好感，就情不自禁地逃避。我一直對自己說要勇敢，但就是控制不住地想躲開。這種對愛又渴望又害怕的感受，讓我覺得好累。

我可以理解你內在那種又想愛、又怕受傷害的矛盾，這是你的潛意識和意識在鬥爭。我建議你試著多了解自己，我的另一本著作《遇見未知的自己》將潛意識和意識之間的關係剖析得很清楚，或許你可以參考一下。如果不了解自己，你怎麼知道自己真正要的是什麼？藉由找回更多的自己，你會對人生有更多安全感，也因此願意冒一些險，而真正的祝福和收穫都是要願意捨，才能得的。

你會害怕親密關係，其實是你潛意識裡的某種人生模式在作怪，這種人生模式來自你小時候的一個決定。你可以去研究一下你父母之間的關係，有時候，父母的關係不好，孩子看在眼裡可能會做出不理性的決定：我這輩子都不要結婚，免得碰上這樣的人或事。還有一種可能就是，你小時候被父母一方遺棄或疏離，呈現的方式可能是父母離異、一方遠行到外地工作，或者早逝，讓你覺得被背叛或離棄，因此小小心靈做了個決定：我不要再經歷這樣的痛苦，所以我不讓任何人靠近我，不給他們機會傷害我。於是你關閉心門，拒絕親密關係。

如果知道自己有這樣的模式，你可以去認識它、覺察它，把它帶到意識表面來療癒它。這是你人生中的重要功課，也是一份極大的禮物。順著這根「藤」摸下去，你會摸到人生的頭彩——找回真實的自己。當然，良好的親密關係、順利的事業等更是不在話下，祝福你！

‧心靈問答‧ 17

我有個從小一起長大的死黨，兩人感情很好，但最近她有個怪癖：喜歡把自己甩掉的男人介紹給我當男友。這讓我很氣悶。如果我不從命，她就說我不識好人心。我是該跟她談談，或者直接放棄這個朋友？

人與人之間的交往，很多時候都取決於能量的問題，所以光從表面下手來解決問題是沒用的。跟你的朋友談，她只會覺得你不識好歹，直接放棄這個朋友則是很可惜，而且你在未來還是會碰到類似的情形，不能每次都用放棄來解決。

我覺得你要回觀自己內在的感受，看看當她這樣做的時候，你的感受是什麼。氣悶？覺得自己不如人？這是心虛、沒有自信的表現，所以她的能量就壓過了你，讓你處於下風。因為在你的內心深處，你覺得自己的確不如她。

如果你能看到自己有這樣的想法，願意對自己說：「我不比她差，我會找到我喜歡的人。」建立這樣的信心之後，下次她再試著丟她的「二手貨」給你時，你就可以直視她的眼睛，告訴她：「我不想接受，請你停止這種行為，我不喜歡。」

很多時候，我們說什麼都無關緊要，關鍵在於說的時候的能量和自信。如果我們自信滿滿、堅定不移，對方感覺得到我們的能量，就會尊重我們。否則，你就是一棵「搖擺樹」，隨便讓人推來推去，無法穩住自己的一片天地。

剛開始時，你從小一起長大的死黨可能很不習慣。她已經把你定型了，覺得你是一個沒有自信、可以隨她擺布的人。所以，也許你的改變會讓她受傷，因而憤怒。這時，你還是要堅持，畢竟你不希望你的朋友一直這樣對待你，大不了就是她不和你來往了。如果你能堅持做自己，新的自己，你將會贏得她的尊重，你們的友誼會變得更深厚。如果她不習慣改變後的你，那只能跟她說再見，因為她喜歡的可能是你們的相處模式（她尊你卑），而不是真正的你。

所以，該怎麼做的決定權在你手裡。祝福你能夠成長，活出不一樣的自己。

·心靈問答·
18

我的父母總是催我結婚，一天到晚替我介紹相親對象。我真的很討厭相親這種方式，覺得兩個陌生男女為了結婚的目的坐在一起，簡直是侮辱愛情。我有時真的不懂，我明明也不差，怎麼就遇不到一個愛我的男人呢？

親密關係有障礙，跟你與原生家庭之間存在的問題有關，尤其是你與母親的關係。與父母之間的問題沒有解決，你就很難敞開心胸去愛。而發射不出愛的振動頻率，當然也無法吸引好的男人過來。所以，你必須先療癒自己，才能談親密關係。這是你的靈魂為你帶來的功課，你可以選擇渾渾噩噩地繼續這樣無意識地過下去，或者，你可以選擇成長，獲得人生的智慧。祝福你！

·心靈問答·
19

我們如何判斷這個人是自己真正的愛？到底什麼是真愛？怎麼判斷那是真愛，或者是「小我」的依賴感、對失去的恐懼？

如何判斷對一個人是不是真愛，也是分辨這是不是「小我」用於滿足自我的工具。我曾經上過一堂關於親密關係的課，那裡的老師講得就更坦率了。他說親密關係就是兩個人各取所需，你可以滿足我的需要，然後你也覺得我可以滿足你的需求，於是雙方就簽了一份「合約」：我會滿足你的需要，你也要滿足我的需求。這就像一個不成文的規定。所以當我們的另一半做出某些事情讓我們失望時，我們就會覺得他怎麼可以這樣對我。

關於真愛，說實話，要在人間找到真愛，很難，因為真愛是沒有對立面，是在任何情況下，你都要能夠愛對方。

《我需要你的愛。這是真的嗎？》一書的作者拜倫•凱蒂看愛看得最透澈。她說，有一次，她坐在一位快要離世的癌症朋友身邊守護著她，她的朋友看著她說：「凱蒂，我愛你！」

凱蒂搖搖頭說：「不，你不能說你愛我。除非你能愛你的癌症，否則你不可能愛我。因為，不管你是為了什麼而不喜歡你的癌症，如果有一天，我重複了那個原因，我就會像你的癌症一樣，被你厭惡。只要我挑戰了你的價值觀，對你的要求說『不』，沒有滿足你的期望和需求，你就會停止愛我了。」

・心靈問答・
20

我被男人拒絕接電話，還是不停地打，這讓我感到十分羞愧。我沒想到自己會是這個樣子，真的很恨自己，看不起自己。

我們所有的情緒問題，甚至人生的所有問題，都來自「不接受」。也許當你真的接受自己這種行為之後，就不會再這麼做了。

當然，你必須提高自我價值感，所以除了尋求心靈成長方面的協助（上課、靜心、瑜伽等），建議你看一些書，做一些讓自己有成就感的事，或是把注意力放在別的地方，在生活中做一些實際的改變（搬家、換工作、旅行等）。此外，也可以學習新的技藝，培養一些嗜好。

我們不能說自己真正愛一個人，就像《當下的力量》這本書的作者說的，人間所謂的愛都有正反兩面，然而，真正的愛沒有對立。我們所說的愛就像鐘擺一樣，在愛與恨之間擺盪。當下你覺得自己很愛他，但假如你發三則簡訊跟他說「我愛你」，他卻沒有回應，你馬上就生氣了，埋怨對方為什麼不回個「我也是」。就這樣，你對他的感覺慢慢從愛轉變成怨，甚至是恨。所以，我覺得要找到真愛是很困難的。

另外，你必須看清楚自己的行為就像個索求無度、脆弱、討愛的五歲「小孩」。如果你能接受這個孩子，把她抱在懷中安慰她，她會好過很多。

情傷都需要一段時間療癒，你是否可以允許自己有一段這樣的過程，不去批判自己、責備自己呢？如果連你都不支持自己，誰會支持你？

國家圖書館出版品預行編目資料

活出全新的自己【恩佐全彩插圖典藏版】 / 張德芬著. -- 初版. -- 臺北市：皇冠, 2020.04
面；　公分. -- (皇冠叢書；第4834種)(張德芬作品集；5)
ISBN 978-957-33-3524-5(平裝)

1.修身 2.生活指導

192.1　　　　109003301

皇冠叢書第4834種
張德芬作品集05

活出全新的自己

【恩佐全彩插圖典藏版】

作　　者—張德芬
發 行 人—平　雲
出版發行—皇冠文化出版有限公司
台北市敦化北路120巷50號
電話◎02-27168888
郵撥帳號◎15261516號
皇冠出版社(香港)有限公司
香港銅鑼灣道180號百樂商業中心
19字樓1903室
電話◎2529-1778　傳真◎2527-0904
總 編 輯—許婷婷
美術設計—嚴昱琳
著作完成日期—2013年4月
初版一刷日期—2020年4月
初版四刷日期—2023年9月
法律顧問—王惠光律師

讀者服務傳真專線◎02-27150507
電腦編號◎565005
ISBN◎978-957-33-3524-5
Printed in Taiwan
本書定價◎新台幣420元/港幣140元